EXPOSITION UNIVERSELLE DE BRUXELLES

LES COMPARTIMENTS SCOLAIRES

L'ALLEMAGNE — LA BELGIQUE
LES PAYS-BAS

Par ALEXIS SLUYS

DIRECTEUR HONORAIRE DE L'ÉCOLE NORMALE
DE BRUXELLES
VICE-PRÉSIDENT DE LA LIGUE DE L'ENSEIGNEMENT

V

BRUXELLES
Imprimerie du Progrès. — V. Feron
Rue Verboekhaven, 61

1911

Ce livre est la reproduction d'articles parus dans le RALLIEMENT, du 18 septembre 1910 au 8 octobre 1911.

Exposition Universelle de Bruxelles

LES COMPARTIMENTS SCOLAIRES

L'ALLEMAGNE. — LA BELGIQUE

LES PAYS-BAS

Exposition Universelle de Bruxelles

LES COMPARTIMENTS SCOLAIRES

—

L'ALLEMAGNE. — LA BELGIQUE
LES PAYS-BAS

EXPOSITION UNIVERSELLE DE BRUXELLES

LES COMPARTIMENTS SCOLAIRES

L'ALLEMAGNE — LA BELGIQUE
LES PAYS-BAS

Par ALEXIS SLUYS

DIRECTEUR HONORAIRE DE L'ÉCOLE NORMALE
DE BRUXELLES

BRUXELLES

Imprimerie du Progrès — V. Feron

Rue Verboekhaven, 61

1910

I

L'EXPOSITION SCOLAIRE ALLEMANDE

Le jour fixé pour l'ouverture officielle de l'Exposition universelle de Bruxelles, le 23 avril dernier, l'Allemagne donnait un grand exemple de respect des engagements, de convenance et de méthode : son vaste palais, d'un caractère germanique si prononcé, était prêt et les exposants étaient à leur poste !

Un compartiment spécial y a été réservé à l'enseignement. Il est subdivisé en vingt-trois locaux, consacré chacun à un des aspects de la pédagogie appliquée dans les écoles de l'Empire et particulièrement de la Prusse. Le tout forme un ensemble harmonieux, méthodiquement présenté, d'un puissant intérêt. Un guide de trois cents pages, édité en trois langues, en allemand, en français, en anglais, est mis gracieusement à la disposition des visiteurs qualifiés pour l'étude des questions scolaires.

§ 1. — Documents et bibliothèques scolaires.

Quoique partielle et restreinte, cette exposition scolaire donne une idée très claire des caractéristiques essentielles de la vie scolaire en Allemagne. Une visite méthodique dans les vingt-trois divisions du compartiment, permet d'étudier sur des documents, des modèles, des collections didactiques, l'organisation de l'enseignement secondaire, de l'enseignement primaire, des cours d'adultes, des écoles normales, des écoles spéciales pour arriérés, pour enfants faibles de santé, pour aveugles et pour sourds-muets.

Entrons par le portail central et traversons le hall de l'art de l'habitation et des arts industriels, au bout duquel s'ouvre une grande salle, celle du bureau officiel de renseignements de l'université de Berlin. Fondé en 1904, il contient en vingt-cinq sections une riche documentation sur les universités, les écoles techniques, les musées, les établissements scientifiques, les cours de perfectionnement, les cours de vacances, les voyages d'études, les congrès, les catalogues, les publications, bref sur tous les domaines de l'activité pédagogique en Allemagne et à l'étranger. Les renseignements sont fournis gratuitement, en allemand, en français ou en anglais. C'est une riche mine de documents offerte aux organisateurs de l'enseignement à tous les degrés.

Dans la même salle sont exposées les bibliothèques de professeurs et les bibliothèques d'élèves des écoles secondaires, gymnases et écoles dites réales, qui sont des lycées professionnels. Dans ces écoles, la salle de réunion des professeurs est pourvue d'une bibliothèque dont les ouvrages, au nombre de huit cents, formant dix-sept cents volumes, sont sous la main de ceux qui doivent les consulter sur place pour la préparation de leurs leçons. Cette bibliothèque modèle est répartie en vingt-quatre subdivisions, correspondant aux diverses branches d'un programme complet et développé. Elle coûte environ quinze mille marks, ou près de vingt mille francs. Elle a été sélectionnée par un groupe de professeurs particulièrement compétents.

La bibliothèque des élèves n'est pas moins remarquable. Nous sommes dans le pays où l'instruction est hautement estimée, où il n'y a plus d'illettrés depuis longtemps, où, dans les écoles de tous les degrés, on offre abondamment aux élèves les moyens de culture personnelle par le livre et où les bibliothèques publiques sont nombreuses et méthodiquement organisées. Dans les lycées, la bibliothèque n'est pas centralisée : elle est subdivisée en autant de bibliothèques partielles qu'il y a d'années d'études, et dans chacune on réunit les livres en rapport avec l'âge et le degré d'avancement des élèves. Il ne s'agit pas ici de manuels d'études, mais de livres pour la lecture personnelle et pour la récréation et la libre culture de l'esprit. La plupart des ouvrages appartiennent au domaine de l'art et de la littérature. On a écarté sévèrement les œuvres de valeur inférieure. Pour les plus jeunes élèves, la bibliothèque contient des contes, des fables, des récits héroïques et populaires, des aventures amusantes, le goût du merveilleux se manifestant surtout à cet âge. Pour les enfants plus âgés, on a fait un choix de contes et d'aventures fantastiques, de voyages, de récits romanesques. Les œuvres poétiques, principalement de la littérature nationale moderne, sont réservées aux adolescents; on a puisé dans la littérature ancienne et aussi dans la littérature anglaise et dans la littérature française, dont on offre un choix d'œuvres en excellentes traductions. La littérature contemporaine est considérée comme une préparation à la compréhension de la vie moderne. Ajoutez à ces œuvres excellentes des revues artistiques, littéraires, qui existent en si grand nombre en Allemagne, et des ouvrages scientifiques clairs, intéressants, à l'exclusion des livres de science amusante qui sont écartés systématiquement parce qu'ils habituent les élèves à la superficialité et à la frivolité, dans un domaine qui doit rester sérieux et vrai.

On attache une grande importance à l'aspect typographique, à l'illustration artistique, à la forme extérieure des livres, et on met à ceux-ci une enveloppe souvent renouvelée par souci d'hygiène.

Cette salle de bibliothèque offre un intérêt très grand : les collections sont de vrais modèles ; c'est là que les organisateurs de bibliothèques scolaires pourront utilement s'inspirer.

§ 2. — Les pédagogues et les organisateurs des écoles modernes.

Dans l'axe du compartiment, un couloir central est orné de bustes sur piédestaux d'une série de pédagogues et d'organisateurs qui ont exercé une influence prépondérante sur la pédagogie moderne en Allemagne. D'abord l'immortel J. A. Coménius (1592-1670), le pasteur mennonite tchèque, qui orienta la pédagogie vers le réalisme, fonda l'école du peuple, préconisa l'instruction intégrale obligatoire — « *il faut enseigner tout à tous* » disait-il, en son langage lapidaire ; — il combattit le verbalisme et le remplaça par l'intuition — « *les mots avec les choses, les choses avec les mots* — publia l'*Orbis sensualium pictus*, ou le Monde sensible en images pour l'étude par la méthode directe des langues anciennes et modernes, écrivit la *Didactica magna* ou grande pédagogie, le traité le plus profond et le plus méthodique qui eut jamais paru. Le grand historien français Michelet l'appelait justement « le Galilée de la pédagogie moderne » : Coménius fut, en effet, l'inspirateur génial des grandes réformes qui devaient se réaliser dans l'enseignement pendant le xviiie et le xixe siècles. Voici Francke (1663-1727), le fondateur à Halle d'un vaste ensemble organique d'écoles modèles primaires, normales, moyennes, avec bibliothèques ; puis Herder (1744-1803), le néo-humaniste ; et le doux Pestalozzi (1746-1827), le pédagogue suisse, l'auteur de *Gertrude*, du *Chant du Cygne*, le fondateur d'écoles populaires et normales, du célèbre institut d'Yverdon, où allèrent en pélérinage, pour s'initier aux méthodes intuitives qui y étaient appliquées par le maître, les chefs d'Etat, les ministres, les pédagogues du monde entier. Puis viennent SCHLEIERMACHER (1768-1834), l'apôtre de l'école laïque et neutre; FICHTE (1762-1814), dont les « *Discours à la nation allemande* » eurent un si grand retentissement lors du réveil du peuple après Iéna et Leipzig et qui annonça à l'Allemagne « l'Evangile régénérateur de Pestalozzi »; HERBART (1776-1841), qui fit de la pédagogie une science indépendante fondée sur la psychologie et l'éthique et qui fonda l'école normale universitaire pour préparer les professeurs des écoles secondaires; DIESTERWEG (1790-1866), le directeur de la première école normale de l'Etat à Berlin, qui mit au point les doctrines pestalozziennes, défendit la liberté de la pensée, fut l'apôtre de l'enseignement public neutre, indépendant de la tutelle de l'Eglise; THIERSCH (1784-1860), le plus illustre représentant au XIXe siècle de l'humanisme classique en Allemagne. Deux rois de Prusse figurent dans cette galerie : FRÉDÉRIC-GUILLAUME PREMIER (1688-1740) et FRÉDÉRIC-LE-GRAND (1712-1786) ; l'un établit l'enseignement public dans ses états et l'autre promulgua le premier réglement organique des écoles prussiennes. Voici W. VON HUMBOLDT (1767-1835), qui présida à la réorganisation de l'enseignement lorsque la Prusse se régénéra après la guerre de l'indépendance; F. ALTHOFF (1839-1908), qui donna à l'enseignement secondaire le grand développement et le caractère qu'il a actuellement; J. PAULSEN (1846-1908), le célèbre auteur de l'histoire de l'enseignement supérieur dans les universités et dans les écoles de l'Allemagne.

Cette série de bustes aurait pu être augmentée encore, car l'Allemagne est la terre classique de la pédagogie et c'est le pays où depuis le XVIIIe siècle les gouvernements ont fait de constants efforts pour créer un vaste ensemble d'institutions scolaires nationales.

On peut surtout regretter l'absence des philanthropinistes du XVIIIe siècle, de BASEDOW (1724-1790) et de SALZMANN (1744-1811), qui fondèrent, l'un à Dessau, l'autre à Schnepfenthal, de remarquables instituts d'éducation intégrale, publièrent des traités de pédagogie de haute valeur, et aussi celle de GUTSMUTHS (1759-1839) qui, après deux mille ans, fit renaître la gymnastique, composa des ouvrages sur l'éducation physique, gymnastique, natation et jeux, qui furent le point de départ de profondes réformes éducatives.

§ 3. — Orientation réaliste de l'éducation allemande.

Ces pédagogues éminents personnifient la pensée dominante de la lutte menée en Allemagne pour la transformation des méthodes d'éducation. C'est immédiatement après Iéna que commença avec persévérance et vigueur la campagne des hommes politiques, des savants, des poètes, des éducateurs, pour relever l'Allemagne abaissée par la conquête française. JAHN publia son *Volkstum*, appel à l'affirmation de la nationalité et fonda à la Hasenheide, près de Berlin, la plaine de gymnastique pour la régénération du peuple. FICHTE orienta l'éducation du peuple dans la voie pestalozzienne. DIESTERWEG dirigea la formation des instituteurs. L'enseignement classique secondaire fut renforcé et vivifié, les points de vue éthique et esthétique devinrent l'essentiel et remplacèrent l'étude purement verbale des textes. Le programme classique ainsi interprété forma trois générations. Il fut ensuite profondément modifié par l'action des transformations sociales de la fin du XIXe siècle.

La science faisait des progrès prodigieux, ses applications industrielles devenaient de plus en plus nombreuses, le gouvernement de la démocratie tendait à se substituer de plus en plus à celui de l'aristocratie. Les temps nouveaux exigeaient une éducation nouvelle. Les sciences mathématiques, physiques, biologiques, sociologiques et les langues modernes firent invasion dans les écoles secondaires, élargissant et rajeunissant les programmes, brisant toutes les résistances des partisans de la conception pédagogique du XVIe siècle. La gymnastique, les sports furent introduits dans les programmes renouvelés, les écoles prirent contact avec la vie; le dessin ne fut plus un exercice d'agrément, mais devint une base de l'éducation, les travaux manuels mêmes furent introduits dans les écoles secondaires ainsi que la technique des laboratoires scientifiques. L'ancien gymnase purement classique avait été reconnu fort insuffisant pour la préparation de l'homme moderne; les humanités scientifiques furent constituées; les méthodes d'observation et d'expérimentation dans les laboratoires se substituèrent aux exercices de pure forme littéraire et devinrent un mode nouveau de culture de l'esprit : *les humanités modernes*. Les écoles réales, où cette conception d'un enseignement secondaire scientifique et technique était pleinement appliquée, obtinrent les mêmes droits que les gymnases classiques, à base de latin et de grec, et se multiplièrent considérablement, parce qu'elles répondaient aux besoins de la civilisation contemporaine. Les langues modernes y ont pris la place des langues mortes et sont enseignées par la méthode directe.

Enfin, les femmes qui, pendant des siècles, avaient été écartées systématiquement des écoles secondaires et des universités, obtinrent la reconnaissance de leur droit à la haute culture : des lycées pour jeunes filles *(Studienanstalt)*, des écoles normales pour former des régentes furent créées, ainsi que des écoles spéciales pour la préparation à diverses fonctions *(Frauenschule)*.

Les arriérés ne furent pas oubliés : des écoles de sourds-muets, d'aveugles, et, en ces dernières années, d'anormaux améliorables, furent édifiées et devinrent des centres importants de recherches, d'expériences et d'études qui ont enrichi la science pédagogique et servi de base à la pédologie, ou science expérimentale de l'enfant.

§ 4. — La géographie.

Dans le compartiment scolaire allemand, on peut suivre cette évolution et en étudier les résultats. Les salles 2 et 3, consacrées à la géographie, offrent un intérêt considérable. Nous sommes dans le pays des grands savants qui, depuis Richter et von Humboldt, ont renouvelé la science et l'enseignement géographiques. L'examen des mappemondes, des cartes murales, des sphères, des atlas, des représentations du modelé de la surface de la terre, des cartes locales et générales, des manuels, des estampes évoquant les sites de l'Allemagne et du monde entier, étalés dans ces deux locaux, est des plus instructifs : savants, professeurs, éditeurs ont uni leurs efforts pour donner à l'enseignement de la géographie un caractère scientifique et intuitif. Le musée scolaire de Dresde (salle 3) est à étudier spécialement : c'est une remarquable réalisation scientifique et didactique de la science synthétique que le savant anglais Huxley a magistralement traitée dans sa *Physiographie*. Le musée est organisé pour l'instruction en mode collectif d'une classe entière. La vallée de l'Elbe s'y présente sous tous ses aspects : géologie, météorologie, zoologie, botanique, préhistoire, histoire, géographie, agriculture, industries, arts, sciences, etc. C'est une admirable leçon de choses, une synthèse méthodique faisant connaître une région et ses habitants et préparant à la compréhension de la vie de la terre entière.

§ 5. — Le matériel didactique. Les salles de classe et de dessin.

Les moyens didactiques d'enseignement par le procédé intuitif, qui part des impressions sensibles pour éveiller et alimenter de perceptions exactes les centres corticaux présidant à l'élaboration de la pensée abstraite et générale, sont abondamment et méthodiquement réunis dans la quatrième salle. Nous n'en donnerons pas le détail : il faut les voir et les étudier sur place. Notons en passant un *Rapport sur les dernières inventions dans le domaine des instruments destinés à l'enseignement.* Une commission spéciale, nommée par la direction supérieure des écoles en Prusse, publie ce rapport pour tenir les écoles au courant des nouvelles inventions dans le domaine de l'enseignement, mesure excellente qui permet aux administrations scolaires et aux professeurs de faire un choix réfléchi de matériel scolaire et didactique.

A examiner aussi la salle de classe d'une école secondaire et la salle de dessin et de réunion d'une école primaire. La première est aménagée pour trente-cinq élèves de seize à dix-huit ans. Les bancs-pupitres sont pliables, de manière qu'on peut facilement libérer le plancher pour procéder à un nettoyage à fond. Ils sont proportionnés à la taille des élèves. Des boîtes à fleurs ornent la tablette des larges fenêtres, jetant une note de couleur vive dans ce local de tonalité grise. Le porte-cartes est pratique : il permet de feuilleter, comme un livre, la collection de cartes géographiques et d'estampes. Quelques images ornent les murs. La salle voisine (n° 6) est à double usage, grâce à un dispositif pratique qui permet de s'en servir pour les leçons de dessin et pour les réunions, fêtes et conférences. Les tables à dessiner sont disposées de manière à éviter la perte de temps du transport des modèles et ustensiles. Les murs sont ornés de gravures coloriées originales et de lithographies dues à des artistes.

§ 6. — La physique expérimentale.

L'enseignement de la physique a fait des progrès considérables en Allemagne. On peut s'en rendre compte dans les salles 7 et 9 où sont exposés les laboratoires pour les exercices pratiques des élèves et les appareils de démonstration perfectionnés dus à la collaboration des professeurs et des industriels. La méthode d'enseignement de la physique sans instrument a partout perdu du terrain et ne sera bientôt plus qu'un souvenir. La base de cette étude est actuellement la manipulation par l'élève et, dans certains cas, la vue d'expériences réalisées sous leurs yeux. Actuellement la participation des élèves est encore facultative et revêt deux formes : celle de la préparation à la leçon théorique et celle des exercices après la leçon. Certains professeurs font faire la même expérience par tous les élèves au même moment, d'autres imposent une tâche spéciale à chacun. L'Exposition présente un bon nombre d'appareils pour les exercices des élèves, d'autres pour les démonstrations collectives. Pour ces dernières, on trouve dans la salle 7 des instruments excellents pour tous les chapitres de la physique.

§ 7. — L'école réale.

L'école réale, dont nous avons parlé plus haut et qui est l'école secondaire à caractère scientifique et technique, est représentée dans la 4e salle par celles de Bochum, de Kreuznach, d'Elberfeld, de Francfort-sur-le-Mein (Musterschule), de Dœbeln, de Planen, de Leipzig. Les programmes comprennent, en général : les langues et l'histoire anciennes, l'allemand, le français, l'anglais, la géographie, le latin facultatif, les mathématiques, les sciences naturelles (physique, chimie, biologie), le dessin linéaire, le dessin à main levée, l'écriture, le chant, la gymnastique. Les élèves après examens obtiennent un certificat pour le volontariat d'un an et un certificat de maturité. Chaque école jouit d'une large autonomie dans son organisation et s'adapte au milieu. A Kreuznach les professeurs se mettent en relation avec les parents ou leurs représentants pour s'entendre sur les moyens à mettre en œuvre, de commun accord, pour réaliser l'œuvre de l'instruction et de l'éducation des élèves. Ceux-ci participent au maintien de l'ordre, par la nomination « d'hommes de confiance ».

Les sports sont organisés : canotage, football, ainsi que des fêtes scolaires, des excursions avec « tambour et fifre ». La Musterschule de Francfort, dont le budget annuel est de cent quinze mille francs dont cent mille versés par les élèves qui payent de cent cinquante à deux cents marks par an, présente une documentation abondante, des vues photographiques : classes, leçons de phonétique, salle de dessin, salle de gymnastique, exercices dans la cour, salles de sciences naturelles, observatoire, laboratoires de physique, de chimie, salle de dessin, ateliers de travail manuel (bois, sculpture, cartonnage), bibliothèque des élèves, leçons de biologie, de français, jeux, voyages, avec cuisine en plein air, canotage.

Dans le même local, quelques gymnases classiques sont exposés. La comparaison est rendue possible entre les deux systèmes par l'étude des documents méthodiquement classés qui font assister le visiteur compétent en quelque sorte à la vie même de ces écoles.

§ 8. — **L'enseignement de la biologie.**

La biologie, science toute moderne plus complexe que la physique et la chimie, a été portée au programme de l'enseignement secondaire. Elle tend à remplacer ou plutôt à reporter à l'arrière-plan la morphologie, la description et la classification des végétaux et des animaux qui constituaient, jusqu'en ces derniers temps, l'enseignement de l'histoire naturelle. A l'étude des formes, on substitue celle des phénomènes de la vie, dans leur dépendance avec l'ambiance. Depuis environ dix ans cette tendance a triomphé dans l'enseignement secondaire en Allemagne; les manuels nouveaux, dont un bon nombre sont exposés, la manifestent dans leur rédaction méthodique et dans leurs illustrations. Il en est de même pour les estampes murales destinées à rendre tangibles les phénomènes : au lieu de plantes et d'animaux individuellement représentés et analysés, elles montrent les êtres dans leur milieu caractéristique, et quand des organes sont représentés, c'est pour faire comprendre leur action vitale. Plus d'une de ces collections a, en outre, un caractère de présentation artistique, des dessinateurs et des peintres de talent ayant prêté leur concours aux savants et aux professeurs pour que l'exhibition scientifique fût aussi un moyen de culture esthétique — réforme méritoire, car il importe pour la culture que la beauté imprègne toutes les activités de la vie scolaire, comme de la vie familiale et sociale, non pas par superposition de motifs décoratifs, mais par des ensembles intégrant le beau dans le vrai et l'utile, dont il est la splendeur.

L'estampe démonstrative ne suffit pas dans l'enseignement de la biologie ; il faut des *préparations* montrant les êtres dans leurs activités caractéristiques et dans la salle 10 on en trouve de beaux exemples : nécrophores enterrant un cadavre d'oiseau, mante prêcheuse saisissant sa proie, épinoche mâle montant la garde autour du berceau de ses petits, développement de l'œuf de poule, depuis la fécondation jusqu'à la sortie de la coquille, évolution de la couleuvre, des poissons, des insectes, exemples de chromatisme, de mimétisme, évolution des plantes, action des insectes dans leur fécondation, etc. Outre les belles estampes murales mettant sous les yeux des élèves les multiples aspects de la vie, le merveilleux poème de l'évolution des êtres, il y a, dans cette salle, des musées scolaires biologiques permettant l'étude des plantes et des animaux vivants : aquariums d'eau douce dans lesquels vivent les représentants de la faune et de la flore locales, aquariums d'eau de mer montrant les formes si variées et si extraordinaires dans des milieux qui, sans ces dispositifs, resteraient inaccessibles et incompréhensibles aux élèves des écoles.

Des jardins sont annexés aux écoles allemandes des grandes villes pour familiariser les élèves avec les plantes et les insectes, les habituer à l'observation de la vie et de l'évolution.

Nous voyons aussi les élèves en excursion étudiant la nature sur place, herborisant, récoltant des insectes, consultant leurs manuels sur la flore ou la faune locales, notant le chant des oiseaux, dessinant schématiquement les êtres observés.

En classe et à la maison, ils s'exercent à faire des préparations biologiques, dont des échantillons sont exposés à titre exemplatif.

Il est fait aussi appel au modelage individuel ou collectif pour la représentation des formes étudiées. Des travaux de dissection d'animaux, exécutés par les élèves, sont présentés : écrevisse, sauterelle (stades d'évolution), dystique et sa larve, abeille, stercoraire, mouche, méthode que recommandait HUXLEY et dont il donna un exemple dans son ouvrage : l'*Ecrevisse*.

Dans les classes supérieures des écoles secondaires, les leçons expositives du professeur deviennent l'exception ; la règle est le travail personnel des élèves, sous la direction des maîtres. Ils font des préparations biologiques variées qui développent leurs facultés techniques.

Les exercices de microscopie, d'analyse biologique de l'air, de l'eau, du sol, complètent cet ensemble de procédés méthodologiques des écoles secondaires de l'Allemagne, où l'on forme des autodidactes armés de la méthode expérimentale et capables de continuer après l'école leurs études scientifiques personnelles.

§ 9. — Les nouvelles méthodes de dessin.

Pénétrons dans la salle 11, consacrée à l'enseignement du dessin. Les travaux des pédagogues et des artistes allemands dans ces dernières années ont été considérables et importants : ils ont abandonné les vieilles méthodes de copie de modèles, de tracé sur pointillé (stigmographie), de dessins de lignes abstraites, qui ont accablé les générations antérieures et dont le résultat le plus général était de faire perdre le goût de l'écriture de la forme.

Ce sont les maîtres de Hambourg qui ont donné le signal et l'exemple de la réforme et ils ont été suivis dans toute l'Allemagne et à l'étranger. La méthode nouvelle consiste à exercer l'œil à saisir la forme des objets dans l'ensemble, le détail et la profondeur — le cube, c'est-à-dire les trois dimensions — à la rendre par le crayon et la couleur en observant les effets de la perspective et de la lumière, de manière à reproduire la réalité en lui donnant le cachet original de la personnalité du dessinateur.

Ce n'est plus comme jadis l'étude de la technique pour elle-même, *in abstracto*, mais l'application de la technique à l'expression de la vie. Le dessin décoratif n'est plus à la base de l'enseignement, la copie des maîtres n'en est plus le point de départ, comme jadis, alors que les élèves, ne connaissant rien de la nature, source vive de l'inspiration de l'art, étaient obligés de reproduire des formes interprétées, stylisées par d'autres, dont ils ne pouvaient avoir la compréhension, ce qui les transformait en pasticheurs ayant leur vision personnelle déformée par des représentations mentales classiques ou néo-classiques de formes imposées. C'est un retour à la vraie méthode, celle des maîtres de l'antiquité et du moyen âge, des artistes originaux qui surent échapper par la puissance de leur personnalité à l'action stérilisante des académies des beaux-arts du XVIe au XIXe siècle. C'est pour le dessin la même révolution pédagogique qui a déjà réformé les méthodes appliquées à l'étude des langues et des sciences, étude devenue, de livresque et formaliste, vivante et réaliste.

Pendant la période de transition, des professeurs timorés, encore esclaves des routines académiques invétérées, n'osèrent pas abandonner complètement les anciens errements; ils imaginèrent des combinaisons, des mixtures, en juxtaposant aux procédés surannés du dessin géométrique et ornemental d'après modèles, de timides essais de dessin d'après objets gradués. L'accord ne pouvait être harmonique entre ces éléments contradictoires et les méthodes éclectiques furent reconnues bientôt impuissantes et stériles.

Aujourd'hui c'est par le commencement naturel et vrai que l'on débute : dessin spontané dans les classes des petits enfants, dessin gradué et sélectionné dans la nature et parmi les objets usuels placés dans leur situation normale et reproduits sous leur véritable aspect par le crayon et la couleur.

Lorsque les élèves, après des années de travail méthodiquement organisé sur cette solide base réaliste, ont acquis la juste vision des choses, la compréhension de leurs proportions, des modifications perspectives, le sentiment de la couleur, et une certaine technique qui leur permet de rendre la vérité observée, mais alors seulement, on leur fait comprendre le parti que l'on peut tirer des formes naturelles pour la décoration par la stylisation. Si, à ce degré, on leur montre des modèles de maîtres, ce n'est pas pour les faire copier, pour les pasticher servilement, mais pour leur faire comprendre les procédés des grands artistes décorateurs et les inspirer; on respecte ainsi l'originalité des élèves qui, à leur tour stylisent des objets naturels, plantes, animaux, qu'ils ont au préalable étudiés dans leur milieu et dessinés sous leurs aspects variés.

Le dessin linéaire est séparé du dessin d'art : il fait partie de la géométrie et de ses applications techniques; il est cependant utilisé aussi pour la décoration, mais seulement après que les élèves ont travaillé d'après nature.

On trouve dans la salle 11 de nombreux travaux d'élèves qui permettent de se rendre compte de la mesure dans laquelle diverses écoles allemandes ont appliqué les principes de la méthode nouvelle. Tout n'y est pas pur et exemplaire, parfois des concessions aux anciens procédés se manifestent encore, mais dans l'ensemble la méthode s'affirme partout et montre déjà son éclatante et indiscutable supériorité.

§ 10. — Les écoles primaires.

Les nouvelles écoles primaires de Prusse sont représentées dans la salle 14 : plans et photographies des bâtiments, catalogues des moyens d'enseignement, règlements, programmes, institutions de prévoyance pour assurer la fréquentation régulière des classes dans ce pays où le gouvernement et la nation, en complet accord, n'entendent pas que l'obligation légale de l'instruction ne soit qu'approximativement appliquée. Quarante photographies de ces institutions de prévoyance y sont exposées : salles de bains-douches, leçons de natation pour garçons et pour filles, jeux sur les terrains municipaux organisés pour les écoles publiques, chaque semaine pendant deux heures, cours de récréations avec jeux, exercices du même genre pendant les vacances pour enlever les enfants à la promiscuité des rues ou à la sédentarité dans les maisons des ménages ouvriers, fêtes de jeux publics et scolaires à Charlottenbourg, patinage et jeux d'hiver sur des terrains spécialement appropriés, colonies et écoles de vacances, école dans la forêt pour enfants débiles, sanatoria pour enfants tuberculeux, excursions d'un ou de plusieurs jours par groupes de quinze élèves, exercices de gymnastique orthopédique par groupes de vingt élèves, spécialement pour redressement de la colonne vertébrale, sous la direction de médecins spécialistes, clinique dentaire dans les écoles du peuple, organisation de l'hygiène scolaire, visites médicales, pédagogie curative pour les enfants faibles d'esprit, école pour les enfants durs d'oreille, pour les aveugles, les sourds-muets, les estropiés, les épileptiques, les idiots; cours d'orthophonie pour la correction des vices et des défauts de la parole; moyens d'assistance matérielle en faveur des enfants pauvres pour leur rendre possible et fructueuse la fréquentation des écoles : déjeûner et dîner offerts par la *Vaterländischer Frauenverein* (association patriotique des dames allemandes) et par la *Jugendheim*; salles d'études chauffées en hiver mises à la disposition des enfants qui ne trouvent pas chez eux un logement leur permettant d'étudier ou de se récréer, avec surveillance par les membres de la *Jugendheim*, qui donnent à ces études le caractère familial; service des fournitures scolaires gratuites; cours ménager et d'éducation domestique pour les filles; représentations gratuites au théâtre municipal, organisées pour l'éducation esthétique des élèves; auditions d'œuvres lyriques ayant le même but; subventions annuelles pour la décoration artistique des écoles. Voilà un bel ensemble d'œuvres complémentaires destinées à faire de l'école publique un centre de civilisation véritable.

Nous apprenons par un tableau que les directeurs doivent donner 10 heures de leçons par semaine dans les classes, et 8 heures à partir de 51 ans, mesure intelligente, qui maintient le contact nécessaire des chefs d'école avec les élèves et les empêche de se cristalliser dans la seule pratique de l'administration et du contrôle. Les instituteurs doivent de 27 à 29 heures jusqu'à 30 ans, de 26 à 28 heures jusqu'à 40 ans, de 25 à 27 heures jusqu'à 50 ans, de 24 à 26 heures après 50 ans.

Les institutrices ont de 3 à 4 heures de moins de travail à fournir chaque semaine.

On remarquera dans cette partie de l'Exposition la belle ordonnance des manuels scolaires, du mobilier et du matériel didactique, et le caractère réaliste des programmes, dans les villes et dans les villages.

Les écoles de Saxe sont particulièrement remarquables : à noter l'organisation des jardins botaniques dans les villes où les instituteurs peuvent se fournir du matériel nécessaire pour des leçons en plein air. Un jardin de travail de l'école n° 13 fonctionne aussi comme lieu de refuge pour les enfants que leurs parents ne savent pas surveiller après les heures de classe ou pendant les vacances : ils s'y livrent aux travaux d'horticulture qui les récréent, les instruisent et fortifient leur santé.

La salle 15 est occupée par l'importante école primaire de Francfort-sur-le-Mein ouverte en 1904, sous le vocable chevaleresque *Deutschherren-Mittelschule*. C'est une école d'enseignement primaire développé, avec étude obligatoire du français, facultative de l'anglais, un personnel ayant des diplômes supérieurs ; le minerval est de 45 marks par an ; il y a huit années d'études, pour garçons et filles.

§ 11. — Les écoles normales.

Les écoles normales occupent la 16e salle. La Prusse seule en possède 192, dont 17 seulement pour les filles ; dans ce pays, contrairement aux Etats-Unis d'Amérique, ce sont les instituteurs qui, en majorité, enseignent dans les écoles de filles. On entre à l'école normale à 14 ans, on fait trois années de cours préparatoire, puis trois années d'études pédagogiques, théoriques et pratiques. L'élève diplômé par un jury d'Etat a le droit d'être nommé provisoirement dans une école primaire publique, de servir dans l'armée comme volontaire d'un an. La Prusse et toute l'Allemagne, du reste, n'admettent pas que les futurs éducateurs de la jeunesse échappent au service militaire : la caserne succède à l'école d'adultes comme milieu de préparation du citoyen.

Les écoles normales allemandes réalisent dans leur enseignement les réformes pédagogiques que nous avons esquissées plus haut pour l'enseignement secondaire : dessin d'après nature, méthodes expérimentales pour la physique, la chimie, la biologie, décoration scolaire, excursions, etc. Elles ont des écoles d'application pour la préparation technique des maîtres.

§ 12. — **Les écoles spéciales pour arriérés.**

L'Allemagne possède des écoles publiques pour arriérés pédagogiques et anormaux. Leurs documents se trouvent dans la salle 17. Il a été reconnu que les mal doués perdent leur temps et troublent la vie des écoles primaires ordinaires. On a organisé pour eux des écoles spéciales où l'on enseigne d'après les mêmes méthodes intuitives, mais dont le programme est réduit, ce qui permet d'obtenir une amélioration appréciable et de préparer la plupart de ces pauvres déchets sociaux à apporter dans la société une certaine somme de travail utile.

L'enseignement par l'aspect, les travaux manuels, les exercices d'orthophonie, les jeux, les douches, la gymnastique, la vie au grand air, sont particulièrement développés dans ces écoles. Chaque élève a son dossier sanitaire, établi par un médecin spécialiste, montrant son état physique et mental et ses progrès. Les arriérés pédagogiques en Allemagne ne sont pas des enfants qui ont couru les rues au lieu d'aller à l'école : l'obligation scolaire étant sérieusement appliquée partout, ce genre de petits vagabonds n'y est pas connu. Si, après deux années de classe, on constate que des enfants ne peuvent suivre utilement les cours ordinaires, on les envoie aux écoles spéciales.

Il existe actuellement mille classes, comptant vingt-quatre mille élèves arriérés dans deux cent trente villes allemandes; la Prusse seule possède cent quarante de ces écoles, avec sept cent vingt classes et dix-sept mille cinq cents élèves. Une statistique de 1906 constate que 75 p. c. des élèves sont suffisament améliorés pour pouvoir exercer une profession, 15 p. c. approchent de ce résultat, 10 p. c. restent incapables de gagner leur vie et tombent à la charge de la bienfaisance publique.

§ 13. — L'école dans la forêt.

L'école dans la forêt de Charlottenbourg, créée en 1904, est une villégiature d'été pour les enfants anémiques, nerveux, scrofuleux, atteints de maladies cardiaques ou pulmonaires qui ne pourraient suivre sans danger les écoles primaires ordinaires. On n'y reçoit ni les tuberculeux, ni les épileptiques, ni les hystériques, ni les choréiques, ni les cardiaques incurables pour lesquels il faut d'autres régimes.

Cette école est ouverte de Pâques à octobre, et pour certains élèves jusqu'à la Noël. Les enfants n'y sont pas logés : ils retournent le soir chez eux, à pied ou par le train.

C'est un sanatorium hygiénique et pédagogique, destiné à guérir par la cure d'air, à éduquer et à instruire les enfants de faible complexion. Il se compose d'un hangar servant d'abri les jours de pluie. Les leçons se donnent sous bois, par la méthode intuitive, suivant le programme ordinaire réduit et en face de la nature même. Sur ordonnance du médecin, les élèves reçoivent des douches par aspersion, des bains de baignoire ou en pleine eau et toujours des bains de lumière et d'air. Les jeux, les exercices gymnastiques, les promenades sont dosés comme le reste, d'après l'état de santé des élèves.

Cinq repas sont distribués : à 7 3/4 du matin, soupe et pain blanc beurré; à 10 heures, tasse de lait et pain noir au beurre ou au saindoux; à 12 1/2 heures, viande et légumes ou rôti et pommes de terre ou pot-au-feu; à 16 heures, lait et tartine de pain noir avec marmelade; à 18 1/2 heures, soupe au lait ou cacao avec pain beurré. La multiplicité des repas est une mesure d'hygiène et leur composition a été calculée avec soin par des médecins.

Les parents payent 50 pfennigs par jour et par tête; les indigents sont reçus gratuitement. C'est l'Association patriotique des Dames allemandes qui s'occupe de l'alimentation, contre remboursement des dépenses.

Après le repas, repos de 2 heures sur des chaises-longues en plein air, avec couverture de laine, s'il fait froid, et sous le hangar, s'il pleut. Les résultats obtenus jusqu'ici sont des plus satisfaisants. Aussi le corps enseignant de la ville a-t-il résolu de fonder une semblable institution pour les enfants des deux sexes des écoles secondaires.

§ 14. — Écoles pour les aveugles.

L'obligation scolaire s'étend, en Allemagne, sur tous les enfants, sans exception ; les aveugles et les sourds-muets bénéficient depuis de nombreuses années de la protection des pouvoirs publics, qui ont créé pour eux des établissements spéciaux remarquablement organisés. En général, les aveugles et les sourds-muets ne sont pas confondus dans les mêmes établissements : les méthodes d'éducation et d'instruction sont trop différentes pour qu'elles puissent être appliquées dans les mêmes milieux scolaires ; l'enseignement des aveugles se fait par l'ouïe et le toucher, celui des sourds-muets par la vue et le toucher, ce qui exige des instituteurs spécialement préparés pour chacune de ces deux catégories et des matériels didactiques différents.

Les moyens d'enseignement pour les aveugles sont généralement construits par les élèves eux-mêmes et par les instituteurs. L'éducation de la main joue un rôle prépondérant : c'est par elle que l'individu privé de la vue se met en contact avec le monde extérieur, les objets, reçoit les perceptions fondamentales qui, par comparaison, donnent naissance, dans son esprit, aux idées générales et abstraites, associées avec des mots du langage articulé. Certains exercices de la méthode de FRÖBEL constituent la première base de l'enseignement systématique donné aux aveugles; ils introduisent ceux-ci dans le monde des formes tangibles; naturellement, ils ont été adaptés à la nature particulière de ces élèves intéressants qui ne peuvent les percevoir que par le toucher et le sens musculaire. Les constructions de petits objets sont un moyen précieux pour l'éducation des aveugles : on en voit des exemples nombreux avec feuilles de feutre durci et épingles, sable, papier, carton, tressage, cire, liège et épingles, bois, etc. Outre l'imitation des formes données, géométriques et autres, on attache une grande importance, et avec raison, aux créations personnelles des enfants dont l'imagination se donne ainsi libre cours, tout en faisant connaître leurs tendances naturelles et leur caractère.

Lorsqu'ils ont acquis un certain développement, le cours de sciences expérimentales les met en rapport avec les phénomènes et les êtres de la nature et particulièrement avec les applications à l'industrie. Le musée de l'école Wilhelm-Augusta de Dantzig nous montre quelques modèles employés à cet effet : un moulin à vent pour faire comprendre aux aveugles comment la force de l'air en mouvement se transmet à l'arbre de couche, aux engrenages, aux meules, qui écrasent le grain; des pompes aspirantes et foulantes en verre et démontables permettent de leur faire saisir le jeu des pistons et des soupapes, l'action de la pression atmosphérique ; un modèle de gazomètre sert à faire saisir la transmission du gaz; un modèle simplifié du ballon ZEPPELIN fait comprendre aux élèves les détails essentiels de l'aérostation moderne.

La géographie est rendue palpable par le plan en relief de l'établissement et de ses annexes, par des cartes murales du pays, de l'Europe et de la terre entière, avec représentation en un relief largement esquissé des accidents du terrain et des cours d'eau; chaque élève possède, en outre, des cartes portatives qui sont des réductions des premières. Pour la lecture et l'écriture, des moyens ingénieux sont employés. C'est l'écriture pointillée sur papier, d'après les tablettes de BRAILLE, qui constitue la base de cet enseignement; une écriture pointillée et abrégée sert à la correspondance des aveugles entre eux et à l'impression des livres qui leur sont destinés; mais pour les communications écrites des aveugles avec les voyants, on emploie l'écriture de HÉBOLD. On a remplacé les anciens appareils de BRAILLE, qui exigeaient un coup de stylet pour chaque point, par des machines à écrire qui, par une seule pression, marquent tous les points d'une lettre. Les aveugles ne sont plus isolés dans le monde ; les chefs-d'œuvre de l'esprit humain ont été, à leur intention, transcrits en écriture en relief; des revues spéciales leur sont destinées.

L'éducation musicale des aveugles est tout particulièrement soignée

§ 15. — Les écoles pour les sourds-muets.

La pédagogie spéciale des sourds-muets a fait des progrès considérables en Allemagne. Le problème à résoudre consistait à mettre ces infortunés en rapport avec le milieu social en leur faisant connaître le langage articulé. La mutité est, en effet, la conséquence de la surdité : le sourd congénital et l'enfant qui devient sourd, restent naturellement muets, la parole articulée étant le résultat d'un réflexe auditivo-moteur associé aux opérations psychiques qui ont pour siège l'écorce cérébrale. Instinctivement les sourds-muets communiquent entre eux et avec les entendants-parlants au moyen du langage naturel des gestes, comme font les explorateurs dans les pays où ils se mettent en communication avec des peuplades dont ils ne connaissent pas la langue. Ce langage est très réduit ; l'abbé de l'Epée l'avait complété en créant tout un système de signes artificiels au moyen desquels il communiquait aux sourds-muets une instruction plus étendue. Aujourd'hui, en Allemagne et dans les autres pays, on excite chez les sourds, par des moyens particuliers, le centre cortical du langage articulé, de manière à leur faire émettre des sons, à leur faire prononcer des mots et des phrases, toujours associés à des perceptions et graduellement à des idées abstraites et générales. D'autre part, on leur apprend à lire sur les lèvres de leurs interlocuteurs les mots que ceux-ci prononcent. Par cette méthode, dite *orale*, les sourds ne sont plus muets et peuvent correspondre directement avec les entendants-parlants ; mais, en général, le langage articulé reste, pour la plupart d'entre eux, un exercice pénible et, quoi qu'on fasse, ils recourent entre eux préférablement aux gestes.

En Allemagne, les instituts de sourds-muets sont des internats ou des externats; ce dernier mode est préférable, car il met les muets en rapport avec d'autres personnes, ce qui leur permet de s'initier à la vie normale et de s'exercer à la parole articulée.

L'externat de Tilsit, fondé en 1833 à Angerbourg, compte 152 élèves, dont 96 garçons et 56 filles qui reçoivent l'enseignement en commun : c'est en Allemagne un rare exemple de co-instruction des sexes. Les élèves sont logés en ville chez des particuliers; le cours d'instruction est de huit années. Chaque année on reçoit de 18 à 21 élèves nouveaux. Il est très important de constater que les nouveaux élèves sont classés en trois groupes de même force et qu'à la fin de la première année on procède à une nouvelle répartition d'après leurs aptitudes intellectuelles constatées : les enfants normalement doués forment alors la classe A, les moins doués la classe B et les uns et les autres montent de classe en classe dans leur groupement jusqu'à leur sortie de l'établissement. Les mal doués ne retardent pas les autres ou ne sont pas négligés, chaque classe recevant un enseignement en rapport avec les aptitudes des élèves qui la composent. Faisons remarquer aussi, qu'outre le directeur, le corps enseignant comprend 21 personnes, 18 hommes et 3 femmes, spécialement préparés; et comme l'établissement ne compte que 152 élèves pour 17 classes, chacune de celles-ci n'est composée que de 9 enfants.

en moyenne : ce chiffre est suffisant pour que l'enseignement soit efficace, car, pour les sourds il doit être plus individuel que collectif.

Chaque semaine le médecin consacre une heure à l'examen des malades non alités et à l'hygiène générale de l'école. Il reçoit aussi chez lui ou se rend à domicile pour soigner les élèves malades qui ne peuvent sortir. Il envoie à l'hôpital ceux qui sont gravement atteints. Un spécialiste s'occupe des dents. Le bain hebdomadaire est obligatoire. Des bains médicinaux sont, en outre, prescrits en cas de nécessité.

§ 16. — **Ecoles d'adultes.**

Dans les pays où les parents sont libres de ne pas envoyer leurs enfants à l'école — comme en Belgique où règne la liberté de l'ignorance, cette honte ! — et dans ceux où l'obligation scolaire n'est pas appliquée avec rigueur, les écoles d'adultes s'efforcent d'apprendre à lire et à écrire à des arriérés pédagogiques qui, pendant leur enfance et leur adolescence, n'ont pas été protégés par les pouvoirs publics indifférents, ont vagabondé dans les rues ou ont été livrés prématurément au travail agricole ou industriel. Besogne ardue, peu efficace, souvent vaine ! En Allemagne, les cours d'adultes ont un autre but et un autre caractère. La société organisée pour donner à tous les citoyens une plus-value intellectuelle et morale, a d'abord assuré l'éducation et l'instruction aux enfants en obligeant légalement les parents à remplir leurs devoirs envers ceux-ci en les envoyant régulièrement à l'école primaire. Là ne s'arrête pas sa sollicitude. L'expérience a prouvé que l'enfant de douze à quatorze ans, sorti de l'école primaire pour se livrer au travail des champs ou de l'industrie, retourne à l'ignorance, s'il n'est pas obligé de continuer à s'instruire. Nous en savons quelque chose, dans notre pays où les miliciens illettrés ou quasi-illettrés sont nombreux, même parmi ceux qui ont fréquenté l'école primaire jusqu'à dix ou douze ans et sont retombés, à partir de cet âge, dans des milieux où plus rien ne les excite ni à penser, ni à lire, ni à écrire. Aussi les pouvoirs publics, en Allemagne, après avoir fait appliquer la loi d'obligation scolaire avec vigueur, sans hésitation, sans atténuation dictée par une fausse sentimentalité humanitaire qui n'est qu'une forme hypocrite de l'indifférence pour le bien public, se sont-ils efforcés, par des institutions complémentaires, à ne pas laisser perdre les résultats obtenus par l'enseignement primaire : ils ont créé un vaste ensemble de cours d'adultes pour les adolescents qui doivent les suivre depuis la sortie de l'école primaire jusqu'à l'âge de dix-huit ans environ, afin de conserver, de compléter, d'étendre les connaissances acquises pendant l'enfance. D'abord ce furent des écoles dominicales et du soir qu'on chargea de cette mission. Depuis une vingtaine d'années on a perfectionné le système, le peuple allemand ayant compris deux choses essentielles : tout d'abord, le danger qu'il y a à abandonner les enfants de douze à quatorze ans qui s'adonnent au travail agricole et industriel et qui, s'ils sont livrés à eux-mêmes, courent le risque d'être démoralisés par le milieu social auquel ils appartiennent. Nul n'ignore plus, à l'heure actuelle, que la criminalité juvénile sous ses formes diverses : vagabondage, mendicité, prostitution, apachisme, se développe après la sortie de l'école primaire, pendant la période de douze à dix-huit ans, lorsque les garçons et les filles restent abandonnés à eux-mêmes, sans guide, sans surveillance, livrés sans défense à l'entraînement de l'exemple pernicieux donné par l'armée des ivrognes, des fainéants, des arriérés, des anormaux, des dévoyés vivant en marge de la société moderne et qu'elle se concentre dans les quartiers populeux des grandes villes, où ces éléments antisociaux trouvent plus facilement le moyen de se livrer à leurs déprédations.

Le remède à cette situation, c'est l'école obligatoire jusqu'à quatorze ans, puis le cours d'adultes obligatoire pendant la période d'apprentissage et jusqu'au moment du service militaire obligatoire. L'obligation sociale ainsi comprise n'est pas la tyrannie, comme le prétendent les sycophantes de la liberté, qui sont aussi les exploiteurs de l'ignorance du peuple, c'est, au contraire, la préparation de la nation au régime de la liberté bien comprise.

Une seconde considération, de caractère économique, a engagé l'Allemagne à développer les cours d'adultes : la nécessité de développer l'industrie et le commerce, les sources de la richesse de la nation, lui donnant la possibilité de vivre et de prospérer, d'élever le niveau de la vie, d'accroître la puissance collective au profit de toutes les unités qui la composent.

En 1883, une loi d'empire réglementa le travail dans les ateliers, les mines, les manufactures, les établissements industriels, première mesure sociale pour mettre fin à l'épuisement du peuple par le travail excessif. L'essor des cours d'adultes fut dès lors favorisé, la loi obligeant les chefs d'industrie de laisser à leurs ouvriers et apprentis au-dessous de dix-huit ans la faculté de fréquenter les cours d'adultes organisés par l'Etat ou par les communes, aux jours et aux heures fixés pour ces cours. Par l'Etat et les communes, disons-nous, car en Allemagne on n'admet pas, comme en Belgique, que des particuliers n'offrant aucune garantie de moralité, d'instruction ou de civisme, puissent remplir les fonctions d'éducateurs du peuple! C'est une fonction sociale que l'on n'abandonne pas en Allemagne au mercantilisme des incapables ni au prosélytisme d'associations qui travaillent à la destruction de la civilisation moderne.

Les communes allemandes peuvent, conformément à la loi de 1901, prendre les mesures nécessaires pour rendre possible la fréquentation des cours d'adultes. Ces deux lois bienfaisantes ont permis de développer ces cours, même de les rendre obligatoires, ce qu'ont fait les Etats du centre et du sud, ce que feront bientôt les autres, car le bon exemple est contagieux, surtout lorsqu'on en peut constater les effets salutaires. En Prusse, les communes ont demandé et obtenu le droit de rendre les cours d'adultes ruraux obligatoires.

Les contempteurs de la civilisation moderne en Belgique — ils sont légion et maîtres du gouvernement depuis un quart de siècle! — font dire et répéter par leurs journaux que l'obligation ne sert à rien. La Prusse répond par des chiffres : en 1882, il n'existait que 559 cours d'adultes ruraux avec 9,288 élèves; depuis l'application de la loi de 1901, ce chiffre n'a fait que s'accroître et, en 1908, le nombre des cours s'élevait à 3,781 avec 55,889 élèves. En vingt-cinq ans, la population de ces cours est donc devenue six fois plus forte. Dans la province de Hesse-Nassau, où la loi du 8 août 1904 a permis aux communes de décréter l'obligation de la fréquentation des cours d'adultes, le nombre des cours de l'espèce s'est accru, de 1903 à 1908, de 148 p. c. et celui des élèves de 222 p. c.

Les cours d'adultes ruraux sont fréquentés par des élèves appartenant aux diverses professions exercées dans les villages : 55 p. c. sont des agriculteurs, les autres des artisans, charrons, menuisiers, etc. La plupart ont moins de dix-huit ans. Les cours sont donnés par les instituteurs communaux; cependant il y a des cours spéciaux confiés à des professeurs d'agriculture, à des vétérinaires, à des agriculteurs.

Cent jours par année, pendant le semestre d'hiver, sont consacrés à l'enseignement pendant trois années de suite, formant un cours complet. Ce résultat n'est cependant pas encore obtenu partout : la moyenne en 1908 a été de quatre-vingt séances, soit de quatre par semaine pendant vingt semaines.

Le but est la formation du caractère et l'instruction en vue de l'exercice des professions. On organise çà et là des lectures, des conférences, des séances de chant populaire, parfois des excursions, des jeux, des exercices gymnastiques.

L'enseignement proprement dit sert à affermir, à étendre les connaissances acquises à l'école primaire, à les appliquer à la vie. Le cours d'adultes rural constitue donc une transition entre l'école primaire d'éducation générale et l'école professionnelle proprement dite. L'enseignement n'est plus primaire : il a la forme pratique, appliquée. On y enseigne : les sciences naturelles, l'allemand, le calcul avec la géométrie pratique, la comptabilité, l'enseignement civique, l'économie. Ce ne sont pas des enseignements occasionnels : la pédagogie allemande n'admet pas que ce qui est nécessaire ou utile soit occasionnel, elle ne se contente pas de formules verbales qui couvrent le vide des réalités; elle veut que l'on enseigne en cours méthodique ce qui est reconnu nécessaire.

Ainsi, le cours de sciences naturelles a un caractère intuitif, expérimental et présente des applications à la technologie générale et à la technique agricole, par exemple : l'étude des animaux domestiques s'accompagne de leur hygiène, de leur élevage, de leur meilleure utilisation; celle des plantes alimentaires est complétée par l'exposé, avec démonstrations pratiques, des méthodes les plus efficaces de culture, de sélection de graines, de données positives sur le rendement, etc. On se base sur l'intuition. C'est la région, sa constitution zoologique, sa géographie, ses productions naturelles et artificielles, qui constitue la base de l'enseignement. Les êtres et les phénomènes sont étudiés sous leurs divers aspects, par *concentration*, et non en cours théoriques et fragmentaires.

On n'a plus à enseigner à lire et à écrire aux élèves, ni même à leur apprendre la grammaire ni l'orthographe; on travaille à leur faire acquérir le style commercial, à tenir une comptabilité agricole, non pas théorique et livresque, mais pratique et adaptée au milieu. C'est par la lecture d'ouvrages choisis qu'on fait l'éducation morale des élèves, tout en les initiant aux beautés de la littérature nationale. L'économie nationale et domestique, la constitution politique et sociale du pays, l'administration, la législation sont traitées au moyen d'exemples intéressant directement les élèves. On leur fait connaître les institutions de prévoyance, leur raison d'être, leur mécanisme, leurs résultats. Certaines communes ont organisé en plus un cours de dessin, un cours d'histoire, un cours de géographie. L'élève a un livre de lecture, un livre de calcul, des cahiers pour travaux écrits et pour la comptabilité. Il y a des localités où, en outre, le cours possède des appareils pour les sciences naturelles et une bibliothèque d'œuvres sur ces matières.

Les communes ont à leur charge le local — qui est celui de l'école primaire, — l'éclairage, le chauffage. Les autres frais s'élèvent en moyenne à 150 marks pour chaque cours. En 1908, la dépense pour les cours ruraux s'est élevée à 566,591 marks, dont 5 p. c. ont été couverts par les élèves, 6 p. c. par des particuliers et des sociétés d'encouragement, 12 p. c. par les communes, 12 p. c. par les provinces et 65 p. c. par l'Etat. En outre, le gouvernement assure par des cours annuels (13 par année) la préparation des maîtres pour les cours d'adultes ruraux ; cette préparation spéciale est reconnue nécessaire, même et surtout pour les instituteurs qui doivent être initiés aux méthodes propres à cet enseignement, afin qu'ils évitent de recommencer à enseigner aux adultes ce que ceux-ci ont appris à l'école primaire.

L'exposition allemande présente dans la salle 18 une très intéressante documentation des cours d'adultes ruraux : manuels, livres à l'usage des maîtres, bibliothèques, matériel didactique pour cours ambulants en Westphalie, appareils de physique, de chimie, estampes, cartes et reliefs géographiques, descriptions régionales (école de Rühstädt), collections des produits du sol. Les caractéristiques pédagogiques et pratiques ressortent clairement de cet ensemble.

Dans les villes, les cours l'adultes s'adaptent aux industries locales. A Leipzig, par exemple, où, comme dans toute la Saxe, la fréquentation régulière de ces cours est obligatoire de la 14e jusqu'à la 16e ou la 17e année, les jeunes artisans reçoivent un complément d'instruction visant leurs métiers. Ils sont groupés dans des classes d'après leur profession, leur âge, leur degré de maturité intellectuelle. On obtient ainsi des groupes homogènes, permettant d'adapter l'enseignement aux besoins réels. C'est la profession commune aux élèves du groupe qui est le pivot de l'enseignement des sciences. Celles-ci sont les sciences présentées sous leur aspect professionnel. La langue allemande, lecture, style commercial, le calcul, la géométrie, la comptabilité, le dessin sont les branches fondamentales. Les maîtres ne sont pas les instituteurs primaires ; on a préparé pour cet enseignement des maîtres professionnels et des spécialistes, que l'on a initiés à la pédagogie et à la méthodologie par des cours normaux.

Les exercices de dessin se font sur tableau noir, d'après les objets et les types naturels. La stylisation, pour chaque métier, se fait après l'étude des types naturels.

Nous sommes dans la ville de l'industrie du livre; on a organisé des cours pour relieurs, pour photographes, pour chromo-lithographes, pour graveurs, pour lithographes. L'art de garnir et de modeler des pâtissiers n'a pas été oublié : on présente des travaux pratiques d'élèves exécutés sous la direction d'un maître spécialiste qui, lui aussi, part de l'étude de la nature, feuilles, fruits, légumes, etc.

A Chemnitz, c'est la métallurgie qui domine dans l'enseignement des cours d'adultes, dont la durée est de trois années après l'école primaire. Le dessin est la branche fondamentale, toutes les leçons techniques s'y rattachent. L'allemand et l'arithmétique sont orientés dans la direction technique par le choix des livres, des exercices écrits, des problèmes. Le droit civique est une branche obligatoire.

Ici, le dessin s'appliquant à l'industrie, on le base sur le dessin géométral, les projections, au moyen d'instruments. Les applications se font suivant le métier.

Ces quelques types suffisent pour montrer dans quelle voie se développent les cours d'adultes en Allemagne. Ils sont polymorphes, parce qu'ils s'appliquent aux besoins agricoles industriels et commerciaux des diverses régions. Mais au milieu de cette diversité, on aperçoit l'unité de plan; la culture de l'intelligence, la compréhension du milieu social, la formation du caractère, la préparation aux devoirs de l'homme, du citoyen, du travailleur dans sa profession, le développement des facultés techniques, telles sont les bases de cette organisation.

§ 17. — Les travaux manuels dans les écoles de filles.

Jadis les travaux manuels étaient considérés comme serviles et les hautes classes sociales les méprisaient. Il ne pouvait alors être question de leur valeur éducative. L'Eglise qui, au moyen âge, fonda les universités, leur donna un caractère théologique, théorique et livresque et prétendit former des hommes par des méthodes scholastiques de pur verbalisme. Dans les collèges préparatoires à l'enseignement supérieur, les élèves n'étaient nourris que de la viande creuse de la grammaire. Quand on fonda les écoles du peuple on en fit des collèges en réduction, on n'y prépara pas les élèves à la vie réelle, on les éleva comme s'ils étaient tous destinés à devenir des scribes, des employés de bureau. On y dégoûta les fils du peuple des métiers manuels exercés par leurs parents.

Des idées plus saines ont fini par se faire jour. La théorie de l'éducation intégrale, combinant les travaux manuels et la gymnastique avec l'étude des sciences et des langues, exposée avec tant d'éclat par RABELAIS, reprise par J. LOCKE, puis par J.-J. ROUSSEAU, trouva à la fin du XVIIIe siècle, en Allemagne, des hommes fermes prêts à l'appliquer, BASEDOW et SALZMANN qui ouvrirent des instituts dits « *Philanthropinum* » où cette théorie pédagogique fut expérimentée : coéducation des sexes, éducation intégrale, physique par la gymnastique, la natation, les jeux de plein air, intellectuelle par les sciences d'observation et les langues, morale par la vie normale en commun, technique par les travaux manuels. Le savoir-faire et le savoir se combinaient et se complétaient.

On s'aperçut que ce système répondait aux instincts des enfants qui sont dessinateurs et constructeurs spontanément, et on constata que cette méthode les préparait plus efficacement à la vie. PESTALOZZI et FRÖBEL travaillèrent à donner aux travaux éducatifs le caractère méthodique nécessaire pour les incorporer dans le programme d'études.

Le jardin d'enfants créé pendant la première moitié du XIXe siècle fut la première application d'éducation intégrale, grâce au plan méthodique tracé par FRÖBEL et à l'exemple qu'il donna lui-même. Mais longtemps encore, l'école primaire devait se traîner dans la vieille ornière livresque, l'école normale n'ayant pas pu évoluer sous la direction des théologiens auxquels on l'avait livrée. Ce fut la cause principale du peu de progrès que fit la pédagogie sur le terrain pratique jusqu'en ces derniers temps en Europe : les théologiens reçoivent une culture intellectuelle qui les éloigne de plus en plus du monde réel, ils restent attachés forcément aux vieilles traditions pédagogiques de la scholastique et sont généralement incapables de former des hommes modernes. Ils ont paralysé l'enseignement normal et l'enseignement primaire, comme ils avaient cristallisé les universités et les collèges. Ils se sont longtemps montrés indifférents ou hostiles à l'introduction dans les écoles des langues modernes, des sciences expérimentales, de la gymnastique et des travaux manuels. S'ils ont fini par les accepter, c'est par la contrainte sociale, la direction de l'éducation publique étant devenue laïque et les progrès s'étant affirmés malgré eux et contre eux. Le phénomène se manifeste dans tous les pays civilisés, sans exception.

Dans les écoles de filles, les travaux manuels ont été introduits depuis longtemps, parce que la plupart des femmes deviennent des mères de famille, et aussi parce que les jeunes filles, pendant la période des études primaires, aident leurs mères dans les soins du ménage. Depuis le grand développement de l'industrie, les femmes ayant été employées dans les manufactures, les ateliers, les bureaux, beaucoup n'ont plus reçu dans les familles désorganisées l'enseignement pratique, jadis donné par les mères, d'économie domestique, de soins du ménage, de travaux de tricotage et de couture qui les préparait depuis l'âge le plus tendre à leur futur rôle social. Depuis quelques années, c'est par l'école que l'on réagit contre cette situation, en y développant l'enseignement des travaux féminins, en y donnant des cours d'économie domestique, en créant même des écoles ménagères spéciales. L'Allemagne est entrée dans cette voie, comme tous les pays industriels.

Jadis le cours de travaux manuels était tout mécanique : on faisait tricoter, coudre d'après des modèles, souvent d'après des vêtements de fantaisie à échelle réduite, broder des lettres sur du canevas. C'étaient des occupations sans intérêt et de peu d'utilité; elles n'exerçaient guère l'initiative des élèves qui, après plusieurs années de ce régime, étaient encore incapables de raccommoder les vêtements de la famille ou d'en confectionner de nouveaux.

Actuellement en Allemagne ce système a été réformé partout. Essentiellement le cours de travaux féminins comprend l'entretien des vêtements de la famille et la confection d'objets d'utilité courante : sa caractéristique est l'utilité réelle, l'adaptation aux besoins vrais et immédiats. Ce système met en activité les facultés de travail d'initiative, les élèves devant résoudre les problèmes pratiques qui se présentent et non plus travailler d'après des modèles imposés *ne varietur*.

Pour faire pénétrer cette tendance dans toutes les écoles du pays, la réforme a d'abord été introduite dans les écoles normales pour la formation d'institutrices, dans les écoles commerciales et professionnelles pour jeunes filles, dans les écoles spécialement créées pour former des maîtresses de travaux manuels, telle l'*Association des dames allemandes et du Home pour jeunes filles* (Berlin). L'Exposition nous montre les résultats de l'enseignement s'étendant aux spécialités suivantes : crochet, tricotage, couture, reprises, raccommodage, broderie, couture à la machine, dessin de patrons, lingerie, confection ; à ce programme pratique s'ajoutent : la chimie, le dessin, la pédagogie et la méthodologie du travail domestique, l'hygiène, l'allemand et l'instruction civique, le calcul, le chant et la gymnastique.

Des écoles normales de filles ont été réunies à des écoles professionnelles où les élèves apprennent les travaux manuels; dans les autres on a introduit les nouveaux cours. Des cours de perfectionnement ont été créés pour familiariser les institutrices, les régentes, les maîtresses spéciales avec le programme d'économie domestique, de travaux manuels, d'hygiène, etc. Dans les écoles primaires, deux heures par semaine sont obligatoirement consacrées, depuis la deuxième année d'études jusques et y compris la sixième, aux ouvrages à l'aiguille.

Depuis 1889-1890, des cours spéciaux ont été organisés pour préparer les élèves des écoles primaires à la tenue du ménage : généralement quatre heures par semaine sont consacrées à cet enseignement pendant la sixième année obligatoire. On familiarise pratiquement les élèves avec les lois d'une bonne alimentation, le choix judicieux des denrées indispensables, la préparation économique des repas, la tenue du ménage, les lois de l'économie domestique. Cet enseignement de caractère pratique inspire aux élèves l'amour du travail, l'esprit d'ordre, l'habitude de la propreté et des convenances : dans toute organisation scolaire bien comprise, la morale est ainsi naturellement intégrée et comme elle est en action, les leçons théoriques deviennent superflues.

La cuisine disposée pour vingt-quatre élèves

est arrangée de façon à servir à six groupes représentant six familles de quatre personnes, ayant chacune sa table, son fourneau, ses ustensiles, et agissant dans une indépendance relative comme une communauté se suffisant à elle-même. Ainsi, on s'approche aussi près que possible de la réalité, condition indispensable pour assurer l'efficacité de l'enseignement. Dans chaque groupe, chaque élève tour à tour est chargé de la fonction principale, les autres ayant des tâches secondaires, de façon que toutes les jeunes filles s'exercent à tour de rôle à toutes les occupations familiales.

Les leçons générales données par la maîtresse se font par la méthode intuitive et expérimentale, en se basant toujours sur les sciences naturelles. La physiologie et la chimie dans leurs applications à la cuisine jouent un rôle important : la ménagère doit comprendre les lois de réparation des dépenses organiques et connaître la composition des aliments, sinon elle erre à l'aventure, fait des achats mal compris, prépare des repas qui ne répondent pas aux besoins. Cet enseignement est possible dans un pays où la loi assure la fréquentation régulière de l'école. Le nettoyage et l'entretien de la maison, la lessive, les autres occupations domestiques font partie naturellement de ce cycle d'études ménagères primaires.

La *Frauenschule* (salle 22) a été fondée pour perfectionner l'instruction des jeunes filles qui ont déjà passé par les dix années d'études (de six à seize ans) de l'école primaire supérieure. Elle est réunie, sous le nom de Lyceum, à l'école normale d'institutrices. Elle vise à la préparation de la jeune fille à sa profession normale de mère de famille. Son programme suppose une préparation scientifique solide en étendue et en profondeur. Il comprend des notions d'économie politique, de droit civique, de code civil, d'hygiène, de psychologie, de pédagogie; en outre, des exercices réguliers de travaux domestiques, de tenue de maison, de puériculture ou art d'élever les petits enfants. La base de cette partie technique est constituée par les cours de physique, de chimie, d'hygiène, cette dernière en relation avec la physiologie.

Le côté esthétique n'est pas oublié : on enseigne pratiquement comment la maison peut être décorée artistiquement et à peu de frais. Des photographies montrent la *Frauenschule* sous ses divers aspects, la bibliothèque nous renseigne sur la nature, l'étendue et la méthode d'enseignement, sur les ouvrages qui sont recommandés aux élèves pour leur agrément ou leur culture personnelle. Parmi les objets du matériel didactique, figurent des microscopes avec des préparations d'amidon, de farine, de lait, d'épices, de viande trichinée, d'aliments falsifiés, prouvant le caractère scientifique et expérimental du cours. Des collections de champignons sont disposées pour renseigner sur les espèces comestibles et les espèces vénéneuses. Le caractère pratique du cours de chimie culinaire est démontré par deux exemples : la fabrication du sucre et l'usage de la pomme de terre.

La *Chamissoschule*, fondée en 1900, fut d'abord une école supérieure de jeunes filles, à laquelle en 1903, on ajouta une section qui en fit une realschule, premier établissement de l'espèce en

Allemagne. On n'y admet les jeunes filles dès l'âge de treize ans, après examen sur les matières de la septième année primaire. L'école compte six années d'études. Elle a eu un succès considérable : sa population s'élève à neuf cent trente-trois élèves, réparties en vingt-sept classes, et quarante-quatre professeurs et maîtresses y enseignent. L'enseignement supérieur des jeunes filles est actuellement en progrès partout en Allemagne.

§ 18. — Les travaux manuels dans les écoles de garçons.

Dans les écoles primaires, normales, moyennes de garçons, l'enseignement des travaux manuels n'a pas encore pénétré aussi complètement et aussi profondément que dans celles des filles. Cependant, partout des efforts se font depuis des années pour incorporer dans les programmes, cette branche qui répond au *desiderata* de la pédagogie scientifique moderne, au mouvement général en faveur du développement des arts et métiers, à l'aspiration du peuple allemand à développer ses forces créatrices.

On comprend qu'il faut apprendre à la jeunesse à observer objectivement, en toute indépendance, à faire des expériences et à produire. Le théoricien, l'idéologue d'autrefois, l'érudit portant des dictionnaires dans son cerveau, ont fait place à l'homme d'action, armé par la science qu'il applique aux besoins qui, sans cesse, se multiplient dans la société moderne.

L'exemple a été donné par des artistes qui ont, dans ces dernières années, exercé leur activité dans le domaine des applications à l'industrie du livre, du bois, du fer, du verre, de la céramique, de la décoration extérieure et intérieure, fixe et mobile, des maisons et des monuments. C'est au concours de ces artistes que les autorités scolaires ont fait appel pour introduire dans les écoles normales, primaires, secondaires, l'enseignement des travaux manuels, d'où le caractère décoratif spécial qu'il a revêtu en Allemagne.

Cependant, on n'a pas voulu que l'école primaire préparât spécialement aux métiers d'art, ou formât des amateurs; on a cherché dans le travail manuel un moyen d'éducation générale, éveillant le sentiment de la technique, excitant au respect pour les arts utiles et servant à diriger le travail libre d'après les règles du goût.

Le gouvernement prussien a commencé par former des maîtres capables de donner cet enseignement nouveau, en créant des cours de dessin et de travaux manuels, annexés aux écoles d'art de Berlin, de Breslau, de Kœnigsberg, de Hagen. En Saxe, l'école normale fondée depuis des années par l'Association allemande pour le développement de l'enseignement manuel, a préparé le personnel enseignant, et récemment elle a confié ses cours à des artistes s'occupant spécialement des applications des arts à l'industrie.

Tandis qu'en Prusse et à Leipzig, ces cours spéciaux de travaux manuels se donnent aux instituteurs qui les enseignent ensuite dans les écoles primaires, à Munich on a suivi une autre voie : on s'y adresse à des artisans, sélectionnés parmi les plus intelligents, on leur donne des cours spéciaux pour les familiariser avec les méthodes pédagogiques et, quand ils sont au courant, on leur confie les leçons de travaux manuels dans les ateliers scolaires qui sont ou rattachés à des écoles primaires ou secondaires, ou indépendants et fréquentés par les élèves venant de diverses écoles, la participation à ces cours nouveaux étant encore facultative. Cependant à Munich, dès la huitième année scolaire, ce cours est obligatoire. Il comprend : le modelage, le travail du carton, le travail du bois, le travail du fer.

Dans ces dernières années, on a associé plus étroitement, surtout dans les classes supérieures, des travaux manuels faciles avec les autres branches de l'enseignement général, géographie, calcul, etc., sous le nom de *Werkunterricht*, en vue de développer la dextérité et de donner à l'enseignement, en général, un caractère plus concret.

La jeunesse allemande se prépare donc à la vie dans les écoles primaires où l'étude de la langue nationale, du calcul et des formes géométriques, des notions fondamentales des sciences, se combine de plus en plus étroitement avec les travaux manuels : exercices de la méthode Fröbel, dans les Kindergarten, avant l'âge de six ans, *Werkunterricht*, au premier degré primaire, sous la forme de petits travaux faciles inspirés du jardin d'enfants et des notions enseignées dans les autres cours, travaux manuels proprement dits, de caractère pédagogique, embrassant le modelage, le cartonnage, les objets en bois et en fer, et ayant, outre leur caractère d'utilité pratique, l'aspect esthétique qui convient, le beau étant toujours intégré dans le vrai et l'utile. Les méthodes sont très variées, mais toutes dérivent des mêmes principes. La littérature allemande est riche en ouvrages sur la matière. Dix-neuf congrès annuels ont été tenus depuis 1880 dans les principales villes par l'Association allemande de l'enseignement manuel pour les garçons, réunissant les fonctionnaires, les professeurs, les instituteurs, les artistes, pour discuter les méthodes, formuler les programmes, rechercher les moyens pratiques pour introduire les travaux manuels dans les écoles, pour préparer le personnel enseignant et résoudre les diverses questions que soulève une pareille réforme. Des cours temporaires d'instruction sont annuellement organisés pour préparer les instituteurs à cet enseignement. Ainsi s'accomplit méthodiquement, par des efforts persévérants, une transformation profonde de l'enseignement public, qui s'adapte de plus en plus à la civilisation industrielle moderne.

§ 19. — L'hygiène scolaire

L'Allemagne est la terre classique de l'hygiène scientifique, comme elle est celle de la pédagogie. Le développement de cette science a favorablement agi sur l'organisation scolaire, en ces trente dernières années surtout, car auparavant les dirigeants et le public ne comprenaient pas l'importance de la question. Il faut rattacher le grand mouvement en faveur de l'hygiène scolaire à l'éveil de l'opinion publique qui s'est plus vivement intéressée que jamais aux questions sociales, à partir du jour où parut le célèbre message de GUILLAUME Ier, du 17 novembre 1881, sur la législation sociale que le gouvernement allemand inaugurait. Le chef de l'État soumettait, dix ans plus tard, à la Conférence des écoles secondaires, tenue à Berlin du 4 au 17 décembre 1890, cette question inscrite en tête du programme des délibérations : « Qu'y a-t-il à faire en dehors de la gymnastique rationnelle, pour l'hygiène scolaire? » Et il prononçait ces paroles qui produisirent une forte impression : « Il nous faut une génération vigoureuse. »

C'est après la défaite de Iéna que le réveil national s'était produit en Allemagne; le sentiment patriotique profondément blessé par l'occupation du pays par les armées de NAPOLÉON réagit avec vigueur et la nation s'affirma et se releva. Des hommes de pensée et d'action fondèrent la *Tugendbund* (Ligue de la Vertu), provoquèrent la réforme des fêtes publiques, des écoles, des mœurs, créèrent des sociétés de gymnastique pour donner à la jeunesse la vigueur physique et morale qui lui manquaient. Vater JAHN, reprenant l'œuvre gymnastique que GUTSMUTHS avait édifiée à Schnephenthal, dans le Philanthropinum dirigé par SALZMANN, créa la plaine de gymnastique de la Hasenheide, près de Berlin, et y travailla à l'œuvre de la renaissance physique et morale de la jeunesse par des exercices athlétiques accompagnés de discours patriotiques enflammés. Quand il eut, après Leipzig et Waterloo, intéressé la jeunesse universitaire à la gymnastique en créant les *Burschenschaften*, le mouvement s'étendit dans toutes les directions et devint une préparation à l'unité allemande et au développement de toutes les énergies d'une grande nation, jusqu'alors affaiblie par sa fragmentation féodale.

La gymnastique fut la première forme de l'hygiène scolaire en Allemagne, et aussi de l'hygiène morale, car elle fut associée étroitement au sentiment de la nationalité, au *Deutschtum*. Mais pendant de longues années elle subit, après l'assassinat du poète réactionnaire KOTZEBUE par l'étudiant-gymnaste SAND, en 1819, un arrêt brusque de développement, le gouvernement ayant fermé les sociétés de gymnastique considérées comme des foyers révolutionnaires et exilé JAHN, après son acquittement par le tribunal, la police l'ayant accusé faussement d'avoir excité à cet assassinat.

Cette réaction n'eut qu'un temps. La gymnastique fut introduite officiellement dans les écoles secondaires, puis dans les écoles normales et primaires, sous le règne de FRÉDÉRIC-GUILLAUME IV, et rapidement elle est devenue une partie intégrante des programmes de toutes les écoles de l'Allemagne. Le grand ministre de l'instruction publique VON GOZZLER a complété l'œuvre de l'éducation physique en introduisant dans les écoles la pratique de la natation et celle des jeux de plein air, d'après l'exemple donné en Angleterre par ARNOLD, le chef du « Christianisme musculaire », le rénovateur de l'éducation et le créateur des plaines de jeux dans les collèges.

Les hygiénistes sont intervenus à leur tour pour rendre les conditions de vie scolaire meilleures au point de vue de la santé. Des médecins ont été attachés aux écoles de tous les degrés pour veiller à l'application des règles de l'hygiène; à l'heure actuelle, plus de mille spécialistes, en dehors des médecins chargés officiellement du contrôle, exercent des fonctions diverses dans les écoles.

A l'Exposition, la salle 22 consacrée à l'hygiène scolaire, a la forme de la chambre de consultation médicale scolaire. Le médecin y remplit une fonction importante exigeant une grande activité et des connaissances spéciales approfondies; il est à la fois médecin, hygiéniste et professeur d'hygiène; il visite régulièrement l'école, les locaux, procède ou fait procéder sous sa direction à des mensurations de poids, de taille, examine les élèves au point de vue de la santé générale, des yeux, des oreilles, de la gorge, des poumons, du cœur. Il classe les élèves d'après leur nature physique, signale ceux qui sont incapables de suivre les cours ordinaires, ceux qui ont besoin d'une surveillance particulière, les mal doués au point de vue de l'audition, de la vision, les malingres et les chétifs auxquels un régime spécial d'alimentation et d'exercices est nécessaire, ceux pour lesquels la gymnastique, la natation, les jeux sont contre-indiqués ou qu'il faut soumettre à des exercices de gymnastique orthopédique ou médicale déterminés. C'est lui qui constitue le dossier physiologique et médical qui suit chaque élève de classe en classe depuis son admission jusqu'à sa sortie de l'école.

Il est consulté par les autorités scolaires pour tout ce qui concerne l'hygiène : construction d'écoles, amélioration des locaux, organisation de tous les services de sa compétence. Il donne des cours au personnel enseignant pour qu'il puisse efficacement l'aider dans son service de médecin et d'hygiéniste et appliquer ses prescriptions. Son rôle est important au point de vue des mesures à prendre pour empêcher les épidémies d'éclater dans les écoles ou pour les enrayer; il lutte contre la propagation dans les milieux scolaires des maladies infantiles; il fait procéder à la désinfection des locaux en cas de nécessité. Il suit de près le développement physique et intellectuel des élèves, relève les anomalies, les tares, les irrégularités, les arrêts, les poussées et prend les mesures nécessaires dictées par les circonstances.

Il constate au moyen d'instruments perfectionnés le degré d'humidité, de chaleur, d'éclairage, de ventilation des locaux, examine les manuels d'étude au point de vue de l'hygiène de la vue. Il désigne les élèves qui doivent faire une cure à la mer, dans la montagne ou dans la plaine, ceux qu'il faut envoyer à l'école dans la forêt. Le rôle du médecin devient ainsi de plus en plus important dans les écoles et, dans les grands centres, on a recours à des spécialistes pour les diverses fonctions de l'hygiène scolaire comprise dans son sens le plus complet.

Dans toutes les écoles de quelque importance, on a introduit un cours populaire d'hygiène basé sur les données de l'anatomie et de la physiologie. Pour le rendre clair et pratique, on a constitué des collections spéciales d'instruments et de moyens d'intuition, qui sont réunis à l'Exposition. Elles se rapportent particulièrement à l'anatomie, la physiologie, les maladies des yeux, la myopie; les maladies de l'oreille, de la gorge, les déviations de la colonne vertébrale, la déformation du pied par des chaussures mal faites, les effets nocifs des vêtements serrants, des corsets, les maladies infectueuses, l'étude de l'alimentation avec son adaptation aux différents âges, les dangers de l'alcool, les soins de la bouche, le service des infirmiers, les premiers soins à donner aux blessés, aux malades, aux noyés.

De l'école où l'hygiène est enseignée, celle-ci pénètre dans les familles. Des villes ont publié des traités « avertissements aux parents », par lesquels les médecins officiels attachés aux écoles attirent l'attention de ceux-ci sur les tares de l'enfant relevées par eux.

La bibliothèque d'hygiène scolaire est richement développée en Allemagne ; on peut s'en rendre compte à l'Exposition qui, en outre, présente, en bon classement, un grand nombre d'appareils pour les explorations médicales dans les écoles, des méthodes pour l'examen de la fatigue, des yeux, des oreilles, de la bouche, des formulaires pour les avis médico-scolaires aux parents relativement aux maladies les plus fréquentes, des types d'impressions de livres scolaires, des moyens de désinfection de locaux, et un grand nombre d'observations de toute nature faites par les hygiénistes attachés aux écoles.

§ 20. — **Conclusions.**

Comme on peut le voir par cette brève description, l'Exposition scolaire allemande est des plus complètes, des mieux classées, des plus riches au point de vue de l'étude des multiples questions d'organisation pratique des écoles publiques.

Elle sera certes utilement visitée par les membres du corps enseignant. Les fonctionnaires, les inspecteurs, les médecins scolaires, les échevins de l'instruction publique y trouveront d'abondants renseignements qu'ils pourront utiliser pour compléter, améliorer, perfectionner nos écoles.

On comprend les progrès immenses accomplis par l'Allemagne, jadis pauvre, sans expansion économique, et qui, depuis un demi-siècle, s'est élevée graduellement au rang éminent qu'elle occupe dans le monde. Elle doit ce développement extraordinaire et rapide à son organisation intérieure; la base solide de sa puissance, c'est l'instruction du peuple entier par l'application depuis un siècle de l'enseignement obligatoire, la fondation d'un vaste ensemble d'écoles primaires publiques solidement organisées, de cours d'adultes, d'écoles commerciales, d'écoles industrielles, formant une jeunesse méthodiquement et fortement préparée à la lutte économique, d'écoles secondaires modernisées, d'universités nombreuses où s'élaborent la science et ses applications à la production des richesses.

Quand, au XVIIIe siècle, Frédéric-Guillaume Ier et Frédéric II fondaient l'école primaire en Prusse, ils établissaient l'assise solide sur laquelle allait s'édifier la puissance de la nation. La pensée des grands pédagogues de l'Allemagne a pénétré cet édifice splendide, qui s'élève sans cesse et s'adapte avec souplesse à tous les milieux si diversifiés d'un peuple en pleine croissance, dont les activités doivent s'orienter dans toutes les directions de la civilisation moderne.

II

L'EXPOSITION SCOLAIRE DU GOUVERNEMENT BELGE

§ 1. — Un essai d'intimidation

Le Comité du Congrès international de l'Éducation qui tint ses assises à Bruxelles du 30 août au 2 septembre, sous la présidence de M. Ch. Buls, avait organisé une visite dans les sections scolaires de l'Exposition universelle. J'étais chargé de commenter, pour l'édification des membres du Congrès, la documentation abondante étalée par le Ministère des Sciences et des Arts dans un vaste compartiment comprenant l'enseignement primaire, l'enseignement normal et l'enseignement moyen de l'Etat.

De très nombreux auditeurs belges et étrangers s'étaient donné rendez-vous à l'heure fixée dans les salles d'exposition des écoles normales primaires. Au moment où j'allais commencer mon exposé, surgit un personnage inconnu qui m'apostropha en ces termes : « Je représente le Comité exécutif de l'Exposition et le Gouvernement et je vous déclare que vous n'avez pas le droit de donner une conférence ici. »

Je lui répondis que nous nous trouvions dans un lieu public et que j'allais commenter en une conférence itinérante les documents exposés par le gouvernement ; au surplus, je l'invitai à écouter ce que j'allais dire si cela était de nature à l'intéresser. Mon censeur se transforma incontinent en auditeur visiblement peu sympathique et de fort méchante humeur.

Quelques semaines auparavant, j'avais eu l'occasion d'exprimer très nettement et très franchement mon opinion sur l'exposition scolaire de l'Etat à l'honorable M. Corman, directeur général, qui d'ailleurs l'avait sollicitée.

J'avais déjà donné aussi une conférence sur le même sujet à un groupe de professeurs de l'enseignement communal, et elle avait été suivie par un fonctionnaire du Ministère des Sciences et des Arts qui prenait forces notes, sans doute pour élaborer un rapport à l'autorité supérieure.

L'intervention insolite d'un autre fonctionnaire, qui s'était imaginé apparemment que je céderais à son injonction impérieuse, était une nouvelle preuve de l'inquiétude de ceux qui ont si habilement machiné le compartiment scolaire de l'Etat pour éblouir les incompétents.

La mentalité bureaucratique actuelle se manifesta encore d'étrange façon, lorsque le fonctionnaire envoyé — vainement — pour m'imposer la loi impérative du silence, s'écria avec colère : « Vous attaquez le gouvernement devant des étrangers ! En voilà du patriotisme ! »

Critiquer le gouvernement! Quel crime abominable! Rien que la mort n'était capable d'expier ce forfait! On me l'aurait bien fait voir, comme on l'a fait à d'autres que l'on a brisés ou muselés; j'ai heureusement la chance de ne pas dépendre de l'administration du gouvernement autocratique actuel.

Je répondis au représentant du patriotisme officiel et patenté : « Il existe, Monsieur, deux espèces de patriotisme : celui du gouvernement que vous représentez et qui consiste à détruire systématiquement l'enseignement public et à établir ici une exposition truquée, et le nôtre qui nous fait un devoir de protester contre la politique scolaire du gouvernement et contre l'étalage de cette documentation fictive! »

Les applaudissements unanimes du public prouvèrent que tous ceux qui m'écoutaient étaient de cet avis. A partir de ce moment ma conférence put se développer sans encombre.

Si je rappelle cet incident, c'est parce qu'il caractérise la mentalité des fonctionnaires de l'Etat qui ont collaboré à cette exposition étrange ; ils ont cru naïvement qu'ils pouvaient empêcher toute critique indépendante de se produire, tant ils sont habitués à imposer administrativement le silence à ceux qu'ils appellent dédaigneusement « leurs subordonnés », c'est-à-dire les membres du corps enseignant courbés sous la férule cléricale et bureaucratique.

Nous allons reproduire cette conférence en parcourant les compartiments de l'enseignement normal de l'Etat et des écoles primaires.

§ 2. — L'enseignement occasionnel.

Le 23 avril, au moment où l'Exposition universelle était solennellement inaugurée, le compartiment du Ministère des Sciences et des Arts, ne contenait encore absolument rien. Des ouvriers couvraient de tapis les cloisons et le sol, d'autres plaçaient des meubles. Il fallut attendre plus de six semaines avant de pouvoir contempler l'œuvre des hauts fonctionnaires qui présidaient avec une sage lenteur au placement de documents arrivés avec des retards considérables, pour les motifs que nous allons faire connaître.

Le gouvernement avait cependant sollicité depuis longtemps le concours des instituteurs et des professeurs. Le 11 janvier 1909, M. le baron Descamps, ministre des Sciences et des Arts, invitait les inspecteurs principaux à l'aider à préparer une exposition scolaire sensationnelle. « Il paraît désirable, disait-il, que les œuvres de l'industrie et des arts rayonnent autour des institutions relatives à l'éducation de l'enfance et de la jeunesse, leur centre commun ». Cette manière de présenter le développement de l'industrie et des arts comme la résultante de l'enseignement mutilé des écoles publiques, est déjà une conception étonnante et même outrecuidante !

Il ne s'agissait plus, comme jadis, d'étaler « de nombreux travaux de choix, exécutés par les élèves, des collections d'estampes rassemblées par les maîtres, des appareils plus ou moins ingénieux, relatifs à l'outillage didactique ou au mobilier scolaire. » Le ministre qualifiait élégamment « d'exposition-bazar » l'exhibition des travaux des maîtres et des élèves : cependant, par une étrange contradiction le compartiment de l'enseignement moyen — le seul qui ait un véritable caractère de sincérité et de saine pédagogie — a été organisé d'après ce plan.

Mais pour la section primaire il fallait mettre en relief une des faces intéressantes de cet enseignement, savoir : la « contribution que peut apporter l'enseignement *occasionnel* à la réalisation pratique, intégrale, de la devise l'*école pour la vie.* »

L'enseignement occasionnel est une trouvaille ! La circulaire en question la définit en ces termes : « mettre *occasionnellement* à la portée des enfants de l'école primaire et de l'école d'adultes des notions non inscrites au programme ordinaire de ces institutions. »

Pour bien faire comprendre le côté génial de cette conception, il faut rappeler que le gouvernement catholique a, depuis vingt-cinq années, poursuivi constamment l'abaissement du niveau des études primaires et normales. Au programme d'éducation intégrale que le gouvernement libéral avait formulé en 1880, il a substitué en 1884 un programme réduit ne contenant plus, notamment, les notions de sciences naturelles. Plus tard, il a publié un *programme minimum* limitant les connaissances primaires aux notions les plus élémentaires et tout à fait insuffisantes pour assurer la préparation à la vie.

Il voulait subsidier un nombre considérable d'écoles épiscopales et congréganistes, mal organisées, où enseignent des instituteurs et des institutrices, les uns non diplômés, les autres possédant des diplômes facilement obtenus dans des écoles normales confessionnelles arriérées, mais agréées. Dans ces écoles rudimentaires, très nombreuses aujourd'hui, les enfants ne reçoivent qu'un enseignement verbal se réduisant à la répétition par cœur des prières et du catéchisme, au mécanisme de la lecture, de l'écriture et du calcul élémentaire. Les enfants en sortent à dix ou douze ans à peu près incultes et redeviennent rapidement des illettrés ou des quasi-illettrés.

En réalité, l'enseignement primaire, sauf dans les grandes cités et dans un certain nombre de communes libérales et socialistes, est tombé partout au niveau le plus bas et c'est là l'œuvre voulue par le gouvernement catholique inspiré par l'Eglise romaine. L'idéal de M. G. Kurth se réalise : il ne faut pour le peuple que la connaissance du catéchisme, le reste est superflu.

Quant à l'enseignement normal de l'Etat, il a été détruit en grande partie : quatorze écoles ont été supprimées sur vingt-sept et les programmes ont été mutilés et réduits. Un nombre énorme d'écoles normales épiscopales et congréganistes délivrent des diplômes revêtus de l'estampille officielle, bien qu'on ne donne, dans la plupart, qu'un enseignement scientifique, littéraire et pédagogique rudimentaire.

Cette lamentable situation a souvent été vainement dénoncée par la gauche au Parlement et par la presse non asservie. Le gouvernement a voulu la dissimuler en imaginant l'enseignement occasionnel des branches qui ne font pas partie du programme élaboré par lui-même pour les écoles primaires et pour les écoles normales. Il a voulu suggestionner le public ignorant et inconscient au moyen de leçons imposées au personnel enseignant et normal et arrangées de telle façon que l'on puisse croire qu'on enseigne réellement dans les écoles les matières que le gouvernement n'a pas inscrites au programme obligatoire de ces écoles : les sciences naturelles, l'économie politique, le travail manuel, l'économie domestique, et les travaux du ménage.

Il a eu recours à une véritable fantasmagorie pour donner le change sur la situation; il a fait greffer les enseignements supprimés sur les branches obligatoires : langue maternelle, calcul, géographie, histoire et dessin.

Cette opération est justifiée dans une brochure officielle (1) en des termes ahurissants :

« La vie contemporaine, avec ses exigences diverses, inconnues des générations qui nous ont précédés, impose aux éducateurs de l'heure présente des indications nouvelles. En ce siècle trépidant *(sic)*, où, dans tous les domaines de la production, nous réclamons toujours ces deux choses qui, souvent, semblent s'exclure mutuellement : la rapidité du travail et la qualité du produit, nous exigeons aussi, ou plutôt les nécessités de la vie exigent que les jeunes générations acquièrent, dans un temps très limité, des connaissances qu'il n'était pas indispensable de posséder jadis, et qu'elles soient soumises à une formation éducative toute spéciale en rapport avec les conditions nouvelles de l'âpre lutte pour la vie. »

---

(1) L'enseignement primaire belge à l'Exposition universelle et internationale de Bruxelles 1910.

Le siècle « trépidant » n'est-ce pas une trouvaille étonnante comme l'enseignement occasionnel ?

L'idée de faire acquérir « dans un temps très limité » de multiples connaissances par la méthode occasionnelle est en contradiction radicale avec la nature même des enfants et des jeunes gens et pas un pédagogue sérieux n'y souscrirait. On ne peut donner l'instruction primaire *intégrale* qu'à des enfants bien portants, bien nourris, normalement constitués, fréquentant régulièrement, de six à quatorze ans (après le jardin d'enfants de trois à six ans) des écoles primaires bien aménagées et bien outillées, dont les classes ne comptent, au maximum, que trente à quarante élèves et dont les instituteurs et les institutrices ont reçu une forte préparation littéraire, scientifique, éthique, esthétique et pédagogique. Or, ces conditions ne sont pas réalisées dans notre pays, dont la majorité des enfants fréquentent irrégulièrement l'école primaire et seulement jusqu'à dix ou onze ans ; un nombre considérable même ne reçoit aucune instruction, la droite ne voulant pas l'obligation scolaire.

Le gouvernement libéral (1879-1884) avait préparé solidement l'œuvre de l'instruction primaire intégrale en réorganisant les écoles normales, les écoles primaires, en mettant le personnel enseignant au courant des sciences et de la pédagogie modernes. Tous les ministres catholiques, depuis 1884 jusqu'à l'heure actuelle, ont ruiné l'enseignement public et abaissé systématiquement le niveau des études normales et des études primaires. Ils ont, par des menaces et des mesures violentes terrorisé le personnel enseignant, qui n'ose plus ni parler, ni écrire, ni protester même contre les corvées qu'on lui impose, les humiliations qu'on lui fait subir, les collaborations qu'on exige de lui pour des manifestations antipédagogiques, comme celle de l'Exposition universelle.

En exposant une documentation destinée à faire croire au public qu'il a fait des efforts pour assurer au peuple une éducation et une instruction intégrales, alors qu'il le nourrit de verbalisme, le gouvernement a confirmé une fois de plus cet aphorisme : le mensonge est l'hommage rendu à la vérité par l'hypocrisie.

§ 3. — La préparation de leçons occasionnelles pour l'Exposition universelle

Dans une brochure officielle, le Ministre des Sciences et des Arts affirme que les organisateurs de l'exposition scolaire belge ont prévu que « d'aucuns pourraient croire que les leçons sont des leçons... d'exposition et qu'elles ne correspondent pas à la réalité ». Mais les organisateurs ont prévu cette objection « qui, toute gratuite qu'elle est, risquerait de jeter une suspicion néfaste sur la sincérité du travail produit par les instituteurs. Aussi, lui ont-ils ménagé une réponse victorieuse ». Il a exposé les journaux de classe des instituteurs, les cahiers des élèves, le registre des travaux préparatoires des conférences, les collections, et tout cela porte le cachet évident « de l'authenticité ». Nous allons voir ce que vaut cette affirmation : les faits officiels parleront d'eux-mêmes et les documents exposés aussi.

La direction de l'enseignement primaire a organisé tout un système savamment combiné pour dresser les instituteurs à fournir une documentation d'enseignement occasionnel d'après un plan *ne varietur* arrêté par elle.

Les trois conférences pédagogiques trimestrielles de l'année 1909 ont été, par ordre, consacrées exclusivement dans le pays tout entier à faire comprendre aux instituteurs ce qu'on exigeait d'eux et à leur faire préparer l'exposition de 1910. On leur imposa le développement de sujets nettement tendancieux : ainsi, à la première conférence, ils durent démontrer : 1° que les notions occasionnelles ne constituent pas des extensions du programme obligatoire; 2° qu'elles peuvent être enseignées aux élèves sans nuire à la bonne exécution du programme; 3° qu'elles peuvent continuer à parfaire la réalisation intégrale des tendances actuelles de l'école primaire et de l'école d'adulte. Les instituteurs qui se seraient avisés de répondre que pour enseigner sérieusement et efficacement les branches importantes qui ne sont pas portées au programme obligatoire, comme les sciences naturelles, les travaux manuels, l'économie politique, l'éducation civique, l'économie domestique, les travaux de ménage, etc., il fallait tout d'abord les inscrire à l'horaire et organiser des cours continus et concentriques comme on le fait dans les grandes villes où cet enseignement est donné, ces instituteurs auraient été considérés comme des esprits subversifs, des mauvaises têtes, inaptes à comprendre la pédagogie officielle enseignée dans les écoles normales congréganistes, où les hauts fonctionnaires qui dirigent actuellement notre enseignement public, ont puisé leurs inspirations géniales.

Le sujet de la deuxième conférence fut, en effet, conçu en ces termes : « Si l'on admet que l'enseignement confessionnel *bien compris* constitue un procédé d'enseignement très fécond et un facteur éducatif d'une réelle importance, il faut admettre aussi qu'il ne peut être abandonné au hasard de l'inspiration du moment, mais qu'il doit être *prévu, déterminé, ordonné*, afin d'éviter les abus, lacunes et exagérations et de produire le maximum d'effet utile. » Cela était affirmé comme une thèse indiscutable, en conséquence de laquelle les instituteurs devaient dresser en regard du programme obligatoire le programme des matières d'enseignement occasionnel et *rédiger leur journal de classe suivant un modèle donné* comprenant d'une part des leçons d'enseignement direct d'après le programme obligatoire et, à côté, un développement d'enseignement occasionnel greffé sur le premier.

Les instituteurs devaient, en outre, préparer une série de leçons et d'applications modèles « destinées à montrer que les notions enseignées occasionnellement ont, comme celles qui font l'objet de l'enseignement direct, un caractère concentrique bien marqué et qu'elles sont également bien appropriées aux besoins futurs des élèves ». Les préparations et les applications devaient embrasser les divers degrés de l'école primaire et, si possible, être mises en harmonie avec celles de l'école gardienne et de l'école d'adultes. Enfin, des sujets communs devaient être traités par les instituteurs des différentes classes sous la direction du chef de l'établissement. Tel était l'objet de la troisième conférence.

Le ministre annonçait qu'il exposerait les travaux choisis par ressort d'inspection.

Ainsi fut mise au point la démonstration projetée.

L'exécution se fit par des combinaisons diverses, suivant les milieux et les circonstances.

Des centaines de jardinières d'enfants, d'instituteurs et d'institutrices primaires, conseillés par les inspecteurs, composèrent des séries de leçons d'après les données officielles et les inscrivirent dans leurs journaux de classe conformes au modèle recommandé.

Chaque ressort d'inspection devait présenter les applications occasionnelles à des branches déterminées : ici, c'était le travail manuel, là l'éducation esthétique, ailleurs l'économie domestique, ou l'antialcoolisme, ou l'épargne, ou l'expansion belge, ou la protection des animaux et des plantes, ou l'éducation ménagère, qui devaient inspirer les instituteurs; ceux-ci pouvaient cependant cumuler les applications.

Chacun s'évertua donc à en trouver et beaucoup aboutirent à des résultats étonnants dans cette gymnastique imprévue mais féconde en combinaisons extraordinaires.

On fit du reste appel à des collaborations de toute nature et même à des sources que le gouvernement actuel considère comme empoisonnées. Ainsi, certains instituteurs copièrent les notions de sciences naturelles et d'économie politique du programme abhorré de 1880 — le programme de M. P. Van Humbeeck, le ministre de la laïcisation des écoles publiques !

D'autres puisèrent dans le programme d'éducation morale et civique des écoles primaires de la France républicaine, ce programme signalé tant de fois par les évêques et la presse catholique comme une abomination. Certains cherchèrent les applications de l'épargne scolaire dans le livre de Laurent, l'ancien professeur de l'université de Gand, qui fut un si rude adversaire du cléricalisme. Le dictionnaire de Buisson, le laïciseur des écoles de France, fut aussi consulté, ainsi que pas mal de publications mises à l'index.

De cette laborieuse compilation sortirent beaucoup de programmes et de leçons occasionnelles. Plusieurs inspecteurs poussèrent le zèle jusqu'à se mettre eux-mêmes à l'œuvre, non seulement pour rectifier les leçons fournies par leurs instituteurs, mais aussi pour en composer, les faire recopier avec soin par ceux-ci : ces inspecteurs, vraies violettes pédagogiques, ne réclamèrent aucun droit d'auteur.

Bien des collections de matériel intuitif exposées n'ont jamais fait partie du matériel didactique des écoles d'où elles paraissent sortir : elles ont été fabriquées de toutes pièces pour la circonstance et plus d'une est due au travail désintéressé de personnes dévouées qui ont voulu aider occasionnellement certains instituteurs et certaines institutrices à faire bonne figure à l'Exposition universelle. Voilà comment « les diverses collections exposées... achèveront d'assurer à l'Exposition un caractère d'*indéniable sincérité* que ses organisateurs ont eu à cœur de lui garder, laissant ainsi aux instituteurs mêmes, le mérite, l'honneur et la responsabilité de leurs propres travaux. »

En lisant ce passage, bien des instituteurs ont pleuré de tendresse. D'autres ont dû bien rire.

Si l'on avait voulu montrer l'enseignement sous son véritable aspect, on aurait exposé les journaux de classe, les cahiers des élèves, les collections des années précédentes; mais ces documents sont trop différents de ceux qu'on désirait montrer pour édifier le monde entier sur les beautés de l'occasionnel.

Il est incontestable que des préparations semblables à celles qui sont exposées ne peuvent pas être normales. L'instituteur primaire, qui doit donner une trentaine de leçons chaque semaine, devrait y consacrer, en dehors des heures de classe, plus de trente heures de travail, ce qui est matériellement impossible. Au surplus, si ce système factice était appliqué, l'enseignement occasionnel ferait souvent disparaître l'enseignement direct. Il est manifestement impossible, en effet, d'enseigner sérieusement, au cours d'une leçon de lecture expressive d'une demi-heure ou de trois quarts d'heure, des notions de sciences naturelles, d'économie politique, de travail manuel, se rapportant plus ou moins au texte lu : ou bien l'instituteur consacre le temps dont il dispose d'après l'horaire à l'explication de ce texte et à l'exercice de lecture expressive, ce qui constitue la leçon essentielle en ce moment, ou bien il traite intuitivement une des matières scientifiques occasionnelles; mais il lui est impossible de faire sérieusement les deux choses *dans le même temps*. Cela tombe sous le sens et c'est la condamnation de l'enseignement occasionnel.

Ce qui est exposé est une fantasmagorie, un trompe-l'œil. Les notions occasionnelles qui ont un aspect scientifique factice sont de simples jeux de mots, des explications verbales, souvent ridicules, comme on le verra plus loin.

Après le choix des travaux, l'administration centrale fit distribuer aux instituteurs de grandes feuilles de papier uniforme sur lesquelles ils devaient inscrire en belle écriture les préparations imposées. L'enseignement direct, c'est-à-dire celui des branches obligatoires du programme, devait figurer en *encre noire*, mais aux notions occasionnelles l'*encre rouge* était réservée. Il fallait, en outre, orner chaque préparation au moyen d'un encadrement esthétique et de figures à l'encre ou à l'aquarelle. D'aucuns achetèrent des cartes postales et les collèrent à côté de leurs développements occasionnels. D'aucuns recoururent au pinceau ou à la plume d'artistes amateurs bénévoles pour enluminer leurs travaux.

Cette préparation exigea un temps énorme, aussi le compartiment du gouvernement ne put-il être prêt que plus d'un mois après l'ouverture de l'Exposition universelle. Nous n'avons rien perdu pour attendre, car il nous a ménagé des choses amusantes.

§ 4. — Quelques exemples d'enseignement occasionnel.

Quelques exemples montreront à quelles aberrations la méthode occasionnelle a conduit forcément des membres du personnel si bien stylés par l'administration et l'inspection.

Voici une école gardienne fréquentée par de petits enfants de trois à six ans : l'institutrice leur a donné une leçon « d'*Education civique sur les premières notions concernant le mécanisme de la poste* ». Combien ces bambins, qui ne savent encore ni lire, ni écrire, ont dû s'intéresser à ce mécanisme !

Faire préparer une petite rédaction sur l'affranchissement d'une lettre au moyen d'un timbre en parlant à cette occasion « de la modicité du prix dans la correspondance » c'est donner un enseignement occasionnel « d'*Economie sociale* ».

Au cours d'adultes, un instituteur donne une leçon de géographie et d'histoire sur « les relations postales » ; en un tour de main, elle devient occasionnellement : 1° une leçon d'*Economie politique;* 2° une leçon d'*Expansion belge;* 3° une leçon de *Mutualité;* 4° une leçon de *Patriotisme*, tout cela en une demi-heure ou en trois-quarts d'heure ! Pour accomplir ce miracle de la multiplication des leçons occasionnelles, il lui a suffi de développer en quelques mots ce beau thème : « De l'avantage des moyens de correspondance perfectionnés au point de vue des arts, des sciences, de l'industrie et du commerce. » Ce polymorphisme d'une causerie sur la poste n'est-il pas admirable ?

Une dictée d'application de « la règle d'accord du verbe avec son sujet » est tout aussi féconde. L'instituteur a pris pour texte : les *Balcons fleuris*. Il est peu probable qu'il ait eu le temps de s'occuper de l'exercice orthographique, car il a traité occasionnellement de « l'*Education esthétique :* la décoration florale de l'habitation. »

Une leçon d'agriculture « sur les petits pois et les phases principales de leur développement » devient une leçon occasionnelle « d'*Economie politique appliquée à l'expansion belge* », par un moyen très simple : l'instituteur développe ce sujet : « L'extension constante de la culture des petits pois dans l'arrondissement de Nivelles. » La méthode occasionnelle est vraiment d'une fécondité merveilleuse !

« L'*Expansion belge* » s'appelait officiellement, il y a peu de temps, « l'*Expansion mondiale* », elle est destinée à devenir interplanétaire, avec les progrès de l'astronomie. C'est une branche nouvelle et naturellement occasionnelle créée par un bureaucrate atteint de mégalomanie pédagogique. On en a mis partout, car tous les sujets s'y prêtent : le gouvernement expose des leçons d'Expansion mondiale sur les petits pois, les haricots, les pommes de terre, la domination romaine dans la Gaule belgique, les Ménapiens, une dictée flamande (les pêcheurs d'Islande), le port d'Anvers, le Congo et bien d'autres choses encore ! Rien ne peut échapper à l'Expansion mondiale ! Cette monomanie a fait, en ces dernières années, une rude concurrence à d'autres conceptions géniales de nos pédagogues catholiques officiels, telles que la chasse aux hannetons, fort recommandée jadis, les sociétés scolaires antialcooliques, la mutualité, etc. Chaque directeur général et chaque inspecteur principal désirant se distinguer dans le monde des aveugles font valoir ainsi, à tour de rôle, leurs marottes qui transforment l'école publique, depuis 1884, en un champ d'expériences hétéroclites, se superposant, se juxtaposant ou s'excluant, et brouillant la cervelle des instituteurs qui ne savent plus à quel enseignement occasionnel se vouer! Espérons que quelque jour un nouvel Erasme fera l'*Eloge de la Folie pédagogique* sous le régime clérical : la Belgique lui offrira une ample matière à développer.

Encore quelques exemples... pour rire.

Le houblon, s'il est un simple sujet de causerie, appartient à l'enseignement direct de la langue maternelle; mais si l'instituteur ajoute que : « le houblon est une plante très productive et très utile aux habitants d'Erembodegem » et que « de sages enfants ne la détruisent pas », alors c'est de l'enseignement occasionnel « d'*Economie sociale* » dans une classe d'école gardienne!

A l'école primaire on fait lire une page sur le houblon : c'est de l'enseignement direct; mais quand l'instituteur dit : « la culture du houblon est une source de bénéfices pour beaucoup d'habitants de notre commune. Les méchantes gens qui coupent les tiges de houblon sont punis par la loi et méritent la réprobation générale », la leçon se transforme en enseignement occasionnel « d'*Economie sociale et de Morale* et de *Protection de plantations* ».

Un autre instituteur fait dessiner une feuille de houblon, c'est de l'enseignement direct; pendant que les bambins travaillent, il leur dit que « le houblon peut servir pour l'ornementation de nos jardins et de nos habitations », c'est de « l'*Enseignement occasionnel pour le développement du sens esthétique* ».

L'institutrice d'une école gardienne fait construire par ses élèves un petit cadre en papier; c'est de l'enseignement direct, puisque c'est une des occupations de la méthode Fröbel. Voici comment elle transforme cette leçon en plusieurs enseignements occasionnels : 1° elle parle du vitrier-encadreur, c'est une leçon sur les « *Nécessités locales* » — encore une nouvelle branche... occasionnelle! 2° elle attire l'attention sur les couleurs : c'est de « l'*Education esthétique* »; 3° elle parle « de la joie qu'aura l'enfant en offrant le petit cadre à ses parents » : c'est une « leçon de *Morale* », laïque et neutre, naturellement; 4° elle fait orner le petit cadre au moyen de perles noires, jaunes et rouges : c'est une leçon de « *Patriotisme* », car ces couleurs rappellent le drapeau national!

Dans une première année primaire, une institutrice a préparé pour des enfants de six à sept ans une leçon de lecture mécanique et d'orthographe sur le son nasal : *an*, *am*, *en*, *em*. Elle donne à ce propos : 1° une leçon « d'*Economie sociale* et d'*Expansion mondiale* », en parlant de la laine qui nous vient de l'Amérique; 2° une leçon sur la « *Protection des animaux* ». Ces leçons lui sont suggérées par des mots contenant le son nasal.

Tout et dans tout, disait Jacotot, qui, sur le texte du Télémaque, développait des digressions orthographiques, littéraires, politiques, philosophiques et morales. Mais l'œuvre de Fénelon fournit ample matière à dissertations à un esprit universel et subtil. Les pédagogues officiels belges vont plus loin : à propos de bottes, ils parlent de tout, font des sciences naturelles, de l'éducation esthétique, de l'économique politique et bien d'autres choses en rapport avec les besoins de ce qu'ils appellent élégamment « ce siècle trépidant ». Quels génies !

Sur la cloison du premier compartiment de gauche, deux chefs-d'œuvre de la méthode occasionnelle attirent les regards. Il serait vraiment malheureux de les perdre. L'histoire de la pédagogie belge doit conserver ces spécimens extraordinaires présentés à l'admiration des peuples par le baron DESCAMPS, ministre des Sciences et des Arts, et par M. CORMAN, directeur général de l'enseignement primaire et *Deus ex machina* de l'exhibition charentonesque de 1910.

C'est d'abord une leçon d'une école gardienne subsidiée de Wavre-Notre-Dame, province d'Anvers. La bonne sœur qui l'a composée a choisi comme exercice de pensée et de langage un petit poème : *Notre Petit Prince.* Il sert, en outre, d'enseignement occasionnel « d'*Education civique :* faire connaître et faire aimer le prince héritier. » Le matériel intuitif comprend : le portrait du prince LÉOPOLD à cheval et les portraits de la famille royale. Voici la traduction du poème : « Voyez notre petit prince sur son premier cheval ! — Il se tient droit, le petit cavalier, hardiment. — Le petit cheval saute, attention ! — Tiens les rênes fermement. — Si tu tombais, cher ami, — TOI, NOTRE CHER PRINCE ROYAL ! — Non, TU NOUS ES TROP CHER, — Cavalier fringant, voleur de cœurs ! »

Voilà le chef-d'œuvre. Voici maintenant la préparation de la leçon :

I. Entrée en matières. Quelques mots sur le

prince héritier : âge, famille, résidence, occupations, etc. — II. Récitation du poème par l'institutrice. — III. Explication du poème; par des questions appropriées faire rendre les mots du texte. Parler et faire parler clairement. — IV. Faire répéter le contenu du poème par un ou plusieurs élèves. — V. Faire apprendre le poème. Chaque partie est répétée par les enfants sur un ton naturel et juste, ensemble et individuellement, jusqu'à ce qu'ils sachent le répéter par cœur. Même procédé pour tout le poème. — *Exercices d'application* : I. Réciter le petit poème à la maison pour maman. — Exciter le cheval du prince Léopold.

Les cinq premiers vers du poème, ainsi que le titre, le mot *non* du 7e vers et le 8e vers appartiennent à l'enseignement direct du programme obligatoire, le 8e et dernier vers est aussi de l'enseignement direct ! Pourquoi? C'est un des secrets de la mirifique méthode occasionnelle!

L'ornement esthétique est digne de la leçon : à gauche, la photographie de la reine Elisabeth et de ses enfants; à droite, le portrait du roi Albert; dessous, l'institutrice a dessiné un petit cheval et le corps d'un enfant, puis elle a collé sur celui-ci la tête du prince Léopold découpée dans une carte-postale.

Passons à l'école primaire communale de Wavre-Notre-Dame; elle est tenue aussi par des religieuses. La leçon pour le degré inférieur a pour titre : Reconnaissance royale. C'est le sujet d'un exercice de langage en langue maternelle : Entretiens très simples sur les scènes de la vie vie ordinaire (enseignement direct); pour l'enseignement occasionnel, nous lisons : « Éducation morale et civique. Exemple de reconnaissance donné par S. M. Léopold II et exemple de dévouement donné par un simple palefrenier. »

Les moyens intuitifs sont : « Une image du Duc de Brabant et de ses Illustres Parents, un frelon. » Le récit n'est donné qu'en abrégé : « I. Promenade de S. A. R. le duc de Brabant Léopold II. — II. Le cheval piqué par un frelon s'emporte. — — III. Sauvetage par un valet d'écurie. — Remerciements du Duc. — Faire comprendre le devoir de reconnaissance. — Faire ressortir la beauté du dévouement personnel. — V. Récompense. Le valet d'écurie est nommé palefrenier. — VI. La Reine s'intéresse à sa famille.

Jusqu'ici c'est de l'enseignemement direct d'une matière obligatoire : l'institutrice a raconté l'histoire, elle a inscrit des questions au tableau noir (1), elle a fait raconter l'historiette par les élèves, puis elle en a tiré la morale : dévouement, reconnaissance; enfin, elle a fait copier l'historiette.

Voici maintenant l'enseignement occasionnel qui se présente : « VI. *Leçon de morale : mettre en relief les bonnes qualités de la Famille royale, afin d'éveiller des sentiments d'admiration pour la dynastie.* » Cette partie est à l'encre rouge; puis vient l'application appartenant à l'enseignement direct : faire compléter de petites phrases faciles reproduisant l'historiette. L'ornementation de ce tableau est quelque chose de mirifique : un arbre s'élève à gauche du texte et ses maîtresses branches s'étalent au-dessus, de gauche à droite; à la branche supérieure sont suspendus des médaillons représentant Léopold Ier et la reine Léopold-Marie; à la branche inférieure, au centre, le portrait du duc de Brabant est accroché ; au-dessus de celui-ci, un nègre du Congo, en équilibre instable sur la branche supérieure de l'arbre, orne la tête du futur Léopold II d'une énorme couronne ! Sur le tronc de l'arbre, un petit belge grimpe péniblement, tenant à la main un drapeau tricolore. Au-dessous de ce gosse, qui symbolise la Belgique, un négrillon s'efforce également d'atteindre les branches élevées de l'arbre, en tenant entre ses mâchoires un drapeau congolais. Enfin, un troisième moutard congolais tournant le dos aux admirateurs de ce tableau, exprime par ses gestes une joie intense : est-ce parce qu'il a lu la leçon d'enseignement occasionnel, ou parce qu'il peut contempler Léopold Ier, sa femme et Léopold II, suspendus aux hautes branches de l'arbre ? Cruelle énigme que la bonne sœur qui a composé ce chef-d'œuvre, a, pour notre malheur, négligé d'expliquer.

Voilà donc ce qu'est la méthode occasionnelle, gloire de la direction de l'enseignement primaire belge en 1910. Elle ressemble à cet artiste de café-concert qui transformait à son gré son chapeau mou en képi d'agent de police, en fez turc, en bicorne de gendarme français, en casque à mèche, en coiffure de Bonaparte à Marengo, et même en bonnet d'âne.

Soyons fiers de notre exposition occasionnelle : jamais aucun peuple ne l'a eue ni ne l'aura ; elle est belge, comme l'expansion mondiale. Elle ne redoute aucune concurrence : elle brave le bon sens, elle ne craint pas le ridicule qui partout ailleurs la tuerait. Nous sommes devenus un grand peuple, digne de civiliser le Congo. Gloire à M. le baron DESCAMPS et à M. CORMAN !

§ 5. — La galerie des grands pédagogues

Dans la travée centrale du compartiment scolaire de l'Etat, en place d'honneur, bien en vue, les bustes d'une série d'illustres pédagogues sont dressés sur de hauts piédestaux. On dirait une assemblée de dieux recevant les hommages des fidèles qui pénètrent avec respect dans ce Panthéon pédagogique.

C'est d'abord RABELAIS, le joyeux curé de Meudon, le génial auteur de *Gargantua* et *Pantagruel,* qui contient l'exposé si vivant d'un système d'éducation intégrale, libérale, encyclopédique, opposé au système partiel, unilatéral et abrutissant du moyen âge clérical, qu'il ridiculisa de maîtresse façon. Il ne pouvait prévoir que trois siècles après sa mort il lui serait donné la joie de contempler les produits belges de l'occasionnel !

A quelques pas plus loin, c'est MONTAIGNE (1533-1593), le savoureux écrivain des *Essais*, dont le chapitre sur l'*Institution des enfants* est une des plus belles pages de la pédagogie rationaliste du XVIe siècle. Son étude magistrale sur le *Pédantisme* est à relire dans le compartiment où l'on a placé son buste. L'illustre pédagogue tchèque, COMÉNIUS, voisine avec les deux grands penseurs français ; l'auteur de la *Didactica magna*, de l'*Orbis sensualium pictus*, de tant d'autres d'autres œuvres puissantes qui ont révolutionné la science de l'éducation au XVIIe siècle, doit être tout aussi étonné que RABELAIS et MONTAIGNE de se trouver dans le compartiment scolaire d'un gouvernement qui combat leurs idées, leurs principes, leurs méthodes en matière d'éducation.

Voici JOHN LOCKE, l'un des initiateurs de la psychologie positive, de la pédagogie de l'éducation intégrale, l'auteur de la « *Lettre sur la tolérance* », qui affirma les droits de l'homme et le devoir de l'Etat de respecter la liberté de conscience : lui aussi doit se demander ce qu'il fait dans l'exposition d'un ministère clérical.

Et J. J. ROUSSEAU, comment a-t-on pu le placer là, lui, l'auteur de l'*Emile ou de l'Education* œuvre immortelle qui fut condamnée par l'archevêque de Paris et brûlée par le bourreau en place publique?

Voici l'illustre pédagogue qu'il a inspiré par sa chaude éloquence ; PESTALOZZI, le rénovateur de l'école du peuple, le propagandiste des méthodes intuitives et du système d'éducation intégrale, qui n'a rien de commun avec l'occasionnel !

A côté, c'est le doux FRÖBEL qui doit souffrir en voyant comment on a perverti sa méthode dans les écoles gardiennes où l'occasionnel a été introduit par le gouvernement belge !

KANT dont la philosophie réaliste exerça une si puissante influence sur la pensée moderne condamne aussi cette entreprise ridicule.

DIESTERWEG, l'énergique défenseur en Prusse de la neutralité de l'école publique, que fait-il dans l'exposition d'un gouvernement confessionnel et sectaire? Et les pédagogues positivistes anglais,

A. Bain et H. Spencer dont les ouvrages ont puissamment contribué à débarrasser la pédagogie moderne des derniers vestiges de la scholastique et de la métaphysique, par quelle aberration a-t-on pu les faire passer pour des parrains du verbalisme de l'occasionnel ?

Herbart, le réaliste allemand, clôt la série de ces pédagogues éminents qui ne se laissaient guider dans leurs études du problème de l'éducation que par la raison et par la science. Pourquoi l'a-t-on fait figurer au milieu des inepties étalées avec profusion dans ce local ?

Parmi ces philosophes sentant le fagot, on a placé les effigies de quelques adeptes d'une pédagogie inspirée par d'autres principes : le doux Fénelon, le P. Girard, disciple de Pestalozzi, J.-B. de la Salle, fondateur de l'institut des frères des écoles chrétiennes, et enfin le fougueux gallican et catholique-libéral, Dupanloup qui combattit avec conviction l'infaillibilité du pape, puis se soumit après le vote du concile.

Cet hommage rendu à cette pléïade d'illustres penseurs qui, depuis la renaissance jusqu'à nos jours, ont rénové la pédagogie, me remplit le cœur de joie, car pendant près d'une trentaine d'années j'ai eu le bonheur de faire connaître leur vie et leurs œuvres à mes élèves de l'école normale de Bruxelles, leur faisant analyser, critiquer, comparer leurs systèmes pédagiques, après lecture des chapitres les plus importants de leurs immortels ouvrages.

Il n'y a pas d'étude plus féconde que l'histoire critique des doctrines pédagogiques pour préparer à la fonction d'instituteur ou de professeur. Sous la loi scolaire de 1842, les noms mêmes des pédagogues les plus illustres n'étaient jamais prononcés dans les écoles normales belges. Le directeur de Lierre, M. DE COSTER, dut démissionner, parce qu'il avait enseigné à ses élèves la psychologie du Dr BENEKE! C'était cependant un prêtre très orthodoxe, mais cela ne suffisait pas sous la loi confessionnelle : il était défendu — dans la Béotie cléricale d'alors — d'ouvrir la pensée des futurs instituteurs sur les problèmes de la psychologie.

Au ministre libéral de l'Instruction publique, M. P. VAN HUMBÉECK, revient l'honneur d'avoir inscrit, en 1880, l'histoire de la pédagogie parmi les branches obligatoires des écoles normales, et cet enseignement exerça une salutaire influence sur les futurs instituteurs et même sur ceux qui étaient déjà en fonction, car beaucoup d'entre eux s'intéressèrent vivement aux études qui parurent dans les revues de cette époque de rénovation de l'éducation populaire. Les bibliothèques cantonales reçurent les œuvres des grands pédagogues et dans les conférences trimestrielles les inspecteurs les firent analyser.

Hélas! cet âge d'or de l'instruction publique en Belgique ne dura guère! En 1884, le parti catholique vainqueur imposa au pays un gouvernement réactionnaire, inspiré par l'épiscopat, qui exigea la suppression de l'enseignement de l'histoire de la pédagogie. Depuis cette époque néfaste, les élèves des écoles normales ne reçoivent plus de cours suivi sur cette matière importante.

Dans les écoles normales de Bruxelles, que le gouvernement supprima en 1884, mais que la ville reprit et développa sans cesse, on continua à enseigner l'histoire de la pédagogie depuis l'antiquité gréco-latine jusqu'à nos jours, avec lecture des œuvres et sanction par des examens. La province de Hainaut, il y a quatre années, inscrivit aussi ce cours dans le programme de ses écoles normales — auxquelles le gouvernement a refusé récemment l'agréation uniquement par haine sectaire contre l'enseignement et pour protéger contre toute concurrence laïque l'enseignement confessionnel des évêques et des moines.

Par une étrange contradiction, cette histoire a continué à figurer au programme des examens d'inspecteur cantonal de l'enseignement primaire. Mais les questions formulées à ces examens sont telles qu'il suffit d'une bonne mémoire verbale pour les résoudre : il est inutile, il est même dangereux pour réussir dans ces épreuves de pure mnémotechnie, de lire les œuvres des pédagogues, car les candidats s'exposeraient ainsi à exprimer des opinions hétérodoxes. On a fabriqué à leur intention des traités succincts, des résumés rebarbatifs qui enlèvent aux auteurs la portée et la vigueur de leur pensée originale et le relief de leur style personnel ; ils donnent sur leurs œuvres des jugements tout faits, la plupart d'une lamentable platitude. On n'en demande pas plus ; un vernis superficiel et une analyse sèche et de pure forme suffisent amplement. Le danger de la libération de l'esprit par la lecture et l'étude approfondie des œuvres de Rabelais, de Montaigne, de Rousseau, de Locke, de Spencer, de tant d'autres puissants rationnalistes abhorrés par l'Église romaine, est ainsi écarté.

Voici un fait qui révèle la mentalité étroite et sectaire des chefs du département de l'instruction publique. Il y a quelques années, sous le ministère de M. DE BURLET, cet ancien bourgmestre de Nivelles qui avait pris un arrêté pour faire allonger les pantalons des danseuses du théâtre, un inspecteur cantonal inscrivit au programme des conférences d'instituteurs l'analyse des œuvres pédagogiques de PESTALOZZI, de J. LOCKE, de SPENCER et l'*Emile* de J. J. ROUSSEAU. Un instituteur lui fit savoir qu'il lui était défendu de lire l'*Emile*, cette œuvre ayant été condamnée par l'Église, et « au nom de la liberté de conscience » il déclarait avoir le droit de refuser d'en faire l'analyse et il demandait à l'inspecteur de lui désigner un autre ouvrage. Combien est belle la liberté de conscience ainsi comprise! L'inspecteur lui répondit que l'article 7 de l'arrêté royal du 17 mars 1887 prescrit aux instituteurs communaux de faire à domicile un travail préparatoire sur les matières portées au programme des conférences, sur lequel figurait l'*Emile*, qui, du reste, se trouvait dans la bibliothèque scolaire cantonale. Il ajouta qu'il ne croyait pas devoir revenir sur sa décision.

L'instituteur, obéissant à son confesseur, alla trouver un membre de la droite de la Chambre des représentants, qui se plaignit au ministre. Celui-ci appela l'inspecteur dans son cabinet et commença par invectiver pendant un long quart d'heure les inspecteurs nommés sous le gouvernement libéral, ces propagateurs de doctrines subversives; puis il interpella l'inspecteur en ces termes : « Dans quel but n'avez-vous pas voulu remettre à cet instituteur un autre ouvrage? — Parce que l'*Emile* de ROUSSEAU, édition expurgée par SOUQUET, doit, à mon avis, être lu par les instituteurs, qui peuvent y puiser d'excellentes leçons; du reste, ce livre figure au catalogue officiel des bibliothèques cantonales... — Comment! ce mauvais livre est dans ces bibliothèques! Je l'en ferai sortir et il sera rayé du catalogue. » Ainsi fut fait, et d'autres œuvres éminentes subirent le même sort : ils furent envoyés au ministère où ils furent brûlés. N'est-ce pas le retour au XVIe siècle que prépare le gouvernement clérical?

Cet esprit sectaire règne toujours dans les sphères gouvernementales. Plus récemment, dans un autre ressort d'inspection, l'*Education physique, intellectuelle et morale* de H. SPENCER subit le même sort. L'année dernière, M. le Dr J. DEMOOR, professeur à l'Université libre et aux Ecoles normales communales, devait donner un cours sur la *Pensée humaine* à Dison, dans le local de l'école de l'école publique. Le ministre des sciences et des arts, M. le baron DESCAMPS, défendit de laisser donner ce cours dans le local mis antérieurement à la disposition de l'œuvre de l'Extension universitaire. Cela s'est passé le 26 décembre 1909. Il est donc défendu, sous le régime des fanatiques qui nous gouvernent, d'enseigner scientifiquement, dans un local scolaire, devant un auditoire d'adultes libres, les fonctions du cerveau, surtout avec projections lumineuses! Le Tartufe nouveau style s'écrie :

Cachez donc ces neurones que je ne saurais voir!

Le ministre qui censurait ce cours est un

ancien professeur de l'Université de Louvain. Ignore-t-il que la pensée est incompressible?

La galerie des bustes des grands pédagogues a été établie pour justifier la méthode d'enseignement occasionnel, par un procédé inventé par les jésuites, dont le chef, Ignace de Loyola, n'a cependant pas été placé dans cette collection, bien qu'il soit le vrai patron de l'exposition scolaire du gouvernement. Ce procédé consiste à prendre une phrase d'un auteur, pour lui faire dire ce qu'il n'a jamais pensé. Nous lisons en effet, dans le catalogue officiel : « Voici, échelonnés le long de l'allée centrale, les bustes de *nos* grands pédagogues. » Sous la plume d'un scolastique nouveau genre, « nos grands pédagogues » n'est-il pas savoureux? « Lisez la pancarde fixée sur le socle qui les supporte *(sic)*, vous trouverez dans ces phrases extraites de leurs œuvres la justification de la méthode qui fait le fonds *(sic)* de l'exposition. Celui-ci préconise clairement la méthode, celui-là en détaille les mérites, cet autre en établit la raison psychologique, presque tous, enfin, l'envisagent *(sic)* et, directement ou indirectement, la justifient. »

Le style vaut la pédagogie occasionnelle.

Kant dit : « L'*homme ne peut devenir homme que par l'éducation.* » Sans doute il « envisageait » — pour parler le langage de l'auteur — la méthode occasionnelle,

Rabelais dit : « *Il (Gargantua) allait voir comment on tirait les métaux et comment on fondait l'artillerie; il allait voir les lapidaires, les orfèvres et tailleurs de pierreries, les haultelissiers, les tissotiers, les velotiers, les horlogers, les imprimeurs, les organistes, les teinturiers et autres telles sortes d'ouvriers; et partout il apprenait et considérait l'industrie et l'invention des métiers* (1). »

Il préconise en ce passage la méthode intuitive par la visite des ateliers. Pour le gouvernement, RABELAIS approuve les élucubrations occasionnelles que nous avons citées plus haut, et qui, si elles étaient appliquées, produiraient sur l'enfant l'effet obtenu par le sophiste THUBAL HOLOPHERNE dont l'élève « devenait fou, niays, tout resveux et rassoté ».

H. SPENCER : « *L'homme est à la merci des associations d'idées.* » Sans nul doute, il visait l'association de Léopold Ier, de Léopold II, suspendus à l'arbre, des nègres du Congo, du petit blanc qui y grimpe avec de petits drapeaux, présentés dans la désopilante leçon de Wavre-Notre-Dame.

J.-J. ROUSSEAU : « *Il y a une chaîne de vérités générales, par laquelle chaque objet particulier en attire un autre et montre toujours celui qui le suit. Cet ordre qui nourrit, par une curiosité continuelle, l'attention qu'ils exigent tous, est celui que suivent la plupart des hommes, et surtout celui qu'il faut aux enfants.* »

Cette loi de l'association des idées est aussi apparemment la justification de leçons d'orthographe qui deviennent des leçons d'économie sociale, d'expansion belge, de morale, de sciences naturelles.

---

(1) Cette citation est incorrecte : plusieurs mots manquent (les alchimistes et les monnayeurs... les miroitiers... et à tous donnant le vin); il faut : admirait l'industrie; et le pluriel au lieu du singulier : ils allaient voir... (Voir chap. XXIII du livre I.)

COMENIUS : « *Nous poursuivons une éducation générale : l'enseignement à tous les hommes de toutes les choses humaines... Le but de l'école populaire sera que tous les enfants des deux sexes... soient instruits des connaissances dont l'usage s'étend à toute la vie.* »

L'auteur de la citation n'a certes pas compris COMENIUS s'il croit que par cette phrase il a visé des leçons hétéroclites semblables à celles du compartiment belge. COMENIUS voulait : « les mots avec les choses, les choses avec les mots » et non des mots ronflants couvrant le vide des idées.

PESTALOZZI : « *A chaque notion intuitive, profondément imprimée dans l'esprit et rendue ineffaçable, s'enchaîne très facilement... toute une série de notions collatérales...* »

Et l'on a exposé des notions verbales sur lesquelles on a greffé artificiellement d'autres notions verbales !

Il y a trois citations dans lesquelles on trouve les mots *occasion* ou *occasionnelle*, mais elles n'ont aucun rapport avec la méthode d'enseignement occasionnel. C'est d'abord celle de A. BAIN. « *Il faut tenir compte des dispositions naturelles... de manière à éveiller, toutes les fois que l'occasion le permet, des influences capables d'agir par elles-mêmes.* » Puis celle de HERBART : « *Les circonstances fortuites ou occasionnelles ont besoin que quelqu'un en dirige les conséquences.* » Enfin, celle de J.-B. DE LA SALLE : « *Le maître... se servira adroitement des occasions qui ne manquent pas pour placer, comme par hasard, une maxime de morale qui, n'étant pas préparée, est mieux reçue...* »

La méthode d'enseignement occasionnel dont le

gouvernement a étalé sur les cloisons de son compartiment scolaire tant d'exemples factices, puérils et ridicules, est le contre-pied des enseignements que l'on peut tirer de la lecture intelligente des œuvres des pédagogues, sous l'autorité desquels on a eu l'audace ou l'inconscience de la placer. Et la phrase puisée dans FÉNELON condamne le système : « *Le moins qu'on peut faire de leçons en forme, c'est le meilleur.* » Les leçons exposées sont « en forme » et en forme absurde ou ridicule.

§ 6. — La destruction systématique de l'enseignement normal public.

En 1884, le gouvernement commença la destruction systématique de l'enseignement normal public par une série de moyens très efficaces. Le ministère libéral avait réorganisé cet enseignement important : vingt-sept écoles normales de l'Etat, comptant environ trois mille élèves, pourvoyaient au recrutement des instituteurs communaux ; le programme avait été développé, des branches nouvelles y avaient été inscrites, d'autres avaient reçu de larges extensions ; pour que les élèves y fussent sérieusement préparés à leurs fonctions, on avait nommé un personnel composé d'hommes et de femmes présentant de sérieuses garanties de capacité et d'aptitude ; la méthode expérimentale y était appliquée.

Les ministres catholiques ont depuis vingt-six

années tout mis en œuvre pour ruiner cet édifice. Quatorze écoles normales ont été supprimées, les programmes de sciences naturelles, de mathématiques ont été réduits, on a supprimé l'histoire de la pédagogie, l'économie politique, la géologie. Les professeurs nouveaux ont été recrutés à raison de leurs opinions cléricales et non de leur préparation scientifique et pédagogique (1). Les cours de psychologie, de pédagogie ont été fortement amoindris : des professeurs qui déclaraient n'avoir jamais étudié cette branche, ont remplacé des pédagogues éprouvés, et ont dû réduire leurs cours à la lecture d'un manuel quelconque. Tout a été mis en œuvre pour enrayer autant que possible le recrutement des écoles normales de l'Etat; on a notamment réduit le nombre des admissions et une pression énorme a été exercée sur les parents et les élèves pour qu'ils donnent la préférence aux écoles normales privées, fondées par les évêques et les congrégations, où l'enseignement est encore plus réduit et où les diplômes s'obtiennent avec la plus grande facilité.

Le gouvernement protège, en effet, exclusivement l'enseignement normal du clergé, où l'éducation est foncièrement confessionnelle. A l'heure actuelle, l'Etat ne possède plus que sept écoles normales d'instituteurs qui comptaient 580 élèves et qui ont délivré, pendant la période triennale 1903-1905, 322 diplômes; tandis que l'Eglise romaine en dirige onze, avec 1,557 élèves et qui ont donné

(1) On a supprimé les examens pour la nomination de professeurs d'écoles normales!

797 diplômes pendant la même période triennale. Pour les filles, la situation est pire : Six écoles normales de l'Etat, dont *une seule* pour tout le pays flamand, avec 531 élèves et délivrant 366 diplômes en trois années, contre vingt-huit écoles normales confessionnelles, comptant 2,032 élèves et délivrant, pendant la même période, 1,266 diplômes.

La marée cléricale a donc tout inondé, car ses flots ont envahi même les écoles de l'Etat qui sont, à l'heure actuelle, foncièrement cléricalisées par leurs programmes, leur régime et leur corps professoral, celui-ci ne contenant plus que de rares représentants de la science affranchie de toute ingérence cléricale.

§ 7. — Comment l'exposition des écoles normales de l'Etat a été préparée.

On a voulu montrer des enseignements qui ne sont pas au programme obligatoire. On a présenté les écoles normales de l'Etat sous un aspect fictif.

L'histoire de l'organisation de cette exposition est édifiante. En janvier 1909, les directeurs et directrices des treize écoles normales de l'Etat réunissaient leurs professeurs et régentes en conférence pour leur communiquer une circulaire du ministre des Sciences et des Arts, demandant de joindre à des leçons ordinaires des sujets occasionnels appartenant à des sciences qui ne sont pas enseignées.

A partir de ce moment, directeurs et professeurs cherchèrent, dans leurs conférences mensuelles, à satisfaire à l'ordre ministériel. Ce n'était pas facile. Comment aborder des sujets appartenant à des sciences dont les élèves ne possédaient pas les premiers éléments? Le temps, du reste, faisait défaut, l'horaire scolaire ne leur réservant aucune place. Mais il fallait aboutir, car le gouvernement exigeait qu'on lui envoyât des plans de leçons à *l'encre noire* pour les sujets puisés dans le programme obligatoire et à *l'encre rouge* pour les matières à y rattacher occasionnellement.

On travailla naturellement sans conviction ni enthousiasme, la tâche était ingrate, parce qu'elle était factice. On dut se livrer à un véritable travail de prestidigitation pédagogique pour satisfaire le gouvernement qui commandait des documents de forme et sur des sujets déterminés.

Les travaux arrivèrent au ministère à la fin de l'année scolaire. Sur ces entrefaites, l'Allemagne avait annoncé sa participation à l'exposition et on avait appris qu'elle présenterait un vaste ensemble de documents, de collections, de bibliothèques, de mobiliers scolaires, de matériel didactique, de programmes, de manuels, de travaux de professeurs et d'élèves, destiné à faire connaître l'enseignement public sous tous ses aspects. On savait aussi qu'elle y ferait figurer les bustes de ses grands pédagogues, qui ont inspiré les organisateurs des écoles dans ce pays d'instruction obligatoire efficacement organisée.

Comme l'exposition du Ministère des Sciences et des Arts s'annonçait mal, les professeurs et les instituteurs ne mordant pas, et pour cause, à l'*occasionnel*, on devint très nerveux au département de l'Instruction publique. On envoya des ordres nouyeaux plus pressants. Il fallait, coûte que coûte, faire « fabriquer » des documents d'après un plan défini. L'affaire prit dès lors un caractère et des proportions extraordinaires. Une circulaire ministérielle du 26 avril 1910 — notons la date, c'était TROIS JOURS APRÈS L'OUVERTURE OFFICIELLE DE L'EXPOSITION UNIVERSELLE — ordonna aux directeurs des écoles normales de l'Etat de faire parvenir avant le 15 mai, les documents suivants sur papier grand format, en belle calligraphie, en noir et en rouge, et avec ornements à la plume et à l'aquarelle :

I. Histoire de la pédagogie. — II. Pédologie. — III. Histoire de la littérature. — IV. Histoire de l'art. — V. Géologie. — VI. Technologie. — VII. Expansion mondiale belge.

Pour chacune de ces branches on exigeait :

1° Deux comptes rendus de conférences d'élèves à leurs condisciples.

2° Deux comptes rendus de lectures d'ouvrages recommandés.

En tout vingt-huit travaux à livrer par chaque école en trois semaines !

Au total, il en fallait au minimum trois cent soixante-quatre, plus d'autres déjà livrés.

Ahurissement des professeurs ! Aucune de ces sept branches n'avait jamais été enseignée dans les écoles normales ! Quelques rares notions occasionnelles sous forme de conférences, le dimanche particulièrement, avaient été données aux élèves qui ne connaissaient rien en ces matières. Comment leur imposer des conférences à donner à leurs condisciples ? Comment obtenir d'eux des comptes rendus de livres qu'ils n'avaient pas lus, qu'ils n'avaient pas le temps de lire et que, du reste, ils étaient incapables de comprendre faute d'études préalables?

Mais l'ordre était formel : en quinze jours il fallait livrer les documents demandés.

On réquisitionna les meilleurs calligraphes et les meilleurs dessinateurs parmi les élèves. On leur remit des conférences et des comptes rendus tout faits, hâtivement compilés dans des revues, des livres, des dictionnaires pédagogiques ou encyclopédiques. On n'eut pas le temps de mettre tout cela au point, de revoir les travaux, aussi y laissa-t-on des choses énormes. Ces produits hâtifs ornent quatre salles du compartiment belge.

Le côté moral de cette exhibition truquée présente un caractère particulièrement grave. Des professeurs firent justement observer que le gouvernement serait dans une bien fausse position si on signalait dans la presse ou au parlement que les documents exposés étaient fictifs. On se tira d'affaire en recommandant aux élèves de lire plus tard les ouvrages dont ils avaient recopié les comptes rendus, et de se faire, par la suite, les uns aux autres les conférences dont les procès-verbaux avaient été envoyés à l'exposition! Mais le temps manqua aux élèves; leurs études étaient fort en retard, un temps énorme ayant été perdu à faire ces preparations et l'examen de passage ou de sortie approchait.

Tout commentaire serait superflu.

§ 8. — L'histoire de la pédagogie.

Entrons dans le premier local à droite. Nous y voyons, sur la cloison de gauche, un programme-type d'*Histoire de la Pédagogie*, depuis la Grèce (Socrate) et la Rome antique (Quintillien, Plutarque), jusqu'à l'époque moderne représentée par Pestalozzi, Fröbel, Diesterweg, Herbart, Dupanloup, Spencer, Bain, Mme Necker de Saussure, Mme Pape-Carpentier, en passant par le moyen âge (les écoles paroissiales), les rationalistes de la Renaissance, Rabelais et Montaigne, les réalistes du XVIIe siècle, Bacon, Coménius, Locke, Fénelon, Rollin, auxquels on a joint J.-B. de la Salle, Mme de Maintenon, et les libres-penseurs du XVIIIe siècle, J.-J. Rousseau, Basedow, les Philanthropinistes et Kant.

L'enseignement des doctrines de ces pédagogues faisait partie du programme obligatoire sous le ministère libéral, mais il a été supprimé en 1884 et n'a jamais été rétabli dans les écoles normales de l'Etat.

Dans le vingtième rapport triennal (1900-1902), les inspecteurs des écoles normales signalent au ministre que « la plupart des professeurs de pédagogie, ne tirent aucun parti des lectures recommandées pour mettre leurs élèves en contact (*sic*) avec les idées des meilleurs pédagogues » (1). Une circulaire ministérielle attira l'attention des professeurs sur cette lacune et leur recommanda l'enseignement *occasionnel* de l'histoire de la péda-

(1) 20e rapport triennal, p. 66.

gogie. Cette méthode défectueuse ne pouvait rien produire de sérieux.

Les conférences exposées sont datées de 1909 et de 1910. Une régente de Bruges est censée avoir donné, le 30 mars 1909, une conférence sur l'histoire de la pédagogie; en une heure elle cite une foule de pédagogues depuis l'antiquité grecque jusqu'à nos jours, environ quatre-vingts noms, dont plusieurs estropiés. Ce sont des dates et des titres d'ouvrages avec des phrases copiées dans des traités spéciaux. Une élève a fait le compte rendu de cette leçon: elle a couvert dix feuilles de papier propatria, en recopiant le grimoire lu par la régente.

Les pauvres élèves ont dû écouter cette élucubration un dimanche, au lieu d'aller se promener : elles ne peuvent en avoir conservé qu'un pénible souvenir.

Une autre régente fait connaître en une heure « les trois premiers livres de l'*Emile* de Rousseau » pour conclure naïvement que « l'*Emile* a une influence partout ». Elle n'a certes jamais lu l'ouvrage dont elle parle ; elle ne le connaît que vaguement par la lecture hâtive d'un traité mal fait. Ce même sujet est exposé par une régente, nièce d'un évêque, qui, ignorant complètement l'*Emile*, dont elle parle cependant avec abondance, recommande à ses élèves « de le lire pendant les vacances ». Ah ! mademoiselle, allez vite vous confesser à votre oncle, car l'*Emile* a été condamné par l'Eglise romaine; un ministre catholique belge, M. de Burlet, l'a expulsé des bibliothèques cantonales d'instituteurs et l'a fait brûler dans un calorifère de son hôtel devenu pour la circonstance une annexe de l'Inquisition.

La plupart des conférences ont le même caractère d'incohérence, d'incompréhension, de manque d'esprit de critique : ce sont des compilations maladroitement faites dans divers ouvrages de vulgarisation. Elles sont données partout vers la même époque. A Couvin, le 6 juin 1909, on traite quatre sujets : LOCKE, l'*Emile* de ROUSSEAU, H. SPENCER, BAIN; le 15 juin, on parle de Mme DE MAINTENON; le 16 juin de J.-B. DE LA SALLE; le 18 juin de COMENIUS. Voilà donc des élèves qui reçoivent en trois jours, *sept* conférences sur un ensemble d'œuvres pédagogiques qu'il est impossible d'étudier sans y consacrer un grand nombre de leçons et plusieurs mois de lecture. N'est-ce pas un bel échantillon des aberrations auxquelles on a exposé les écoles normales en leur commandant de fabriquer des conférences pédagogiques pour le compartiment scolaire de l'Etat?

§ 9. — **La puériculture.**

En face des documents sur l'histoire de la pédagogie est affiché un vaste programme de puériculture, branche qui n'a jamais été enseignée régulièrement dans aucune école normale de l'Etat. On a même exposé tout un matériel dédactique pour l'enseignement de cette branche, matériel que ces écoles ne possèdent pas.

A des jeunes filles qui n'ont suivi aucun cours de puériculture on a fait copier en belle écriture des leçons et des conférences. L'une présente un plan de leçon didactique sur *le lavage et la toilette de bébé;* l'autre un plan de conférence sur *la pesée des nourrissons;* une troisième a transcrit le compte rendu du traité de puériculture du Dr PINARD, chapitre premier : *Manière de soutenir le bébé dans le bain;* une quatrième a rédigé une visite à une crèche-école gardienne. Ces travaux sont datés de 1909 et de 1910.

Le programme affiché exigerait d'élèves ayant déjà reçu un cours d'hygiène au minimum une année d'études comprenant quarante leçons et des exercices pratiques dans une crèche. Occasionnellement on fait tout cela en quelques heures.

Nous avons acté les déclarations formelles d'institutrices diplômées sorties des écoles normales de l'Etat en 1907, 1908, 1909. Toutes affirment qu'elles n'ont jamais reçu une seule leçon de puériculture à l'école normale. Le nom de la branche même leur était inconnu.

Voici un dialogue suggestif entre une directrice d'école primaire et des institutrices sorties récemment d'une école normale de l'Etat :

La Directrice. — Avez-vous suivi un cours de puériculture à l'école normale?

Mlle X... — Oui, madame.

La Directrice. — Qu'y avez-vous appris?

Mlle X... — Les différentes manières de tailler les arbres.

La directrice adresse la première question à Mlle Y... qui répond affirmativement. A la question : « Citez-moi un exemple de leçon de puériculture? » Mlle Y... répond : « Les diverses manières de greffer les arbres fruitiers. » L'une et l'autre prenant le Pirée pour un homme confondaient puériculture et horticulture. Nous garantissons l'authenticité de ces réponses faites au mois de juillet 1910 par des institutrices diplômées en 1907, en 1908 et en 1909.

§ 10. — **La pédologie.**

La pédologie est la science de l'enfant, science toute nouvelle, car ce n'est que depuis quelques années que des savants se sont mis à explorer scientifiquement l'enfant au point de vue physique et psychique.

La connaissance des méthodes propres à la pédologie est indispensable à l'éducateur moderne. La pédologie, qui est concrète et expérimentale, doit remplacer la psychologie générale, abstraite, philosophique sur laquelle on a cru pouvoir jusqu'ici édifier la pédagogie.

Le gouvernement n'a pas introduit ce cours dans ses écoles normales; néanmoins, il expose un vaste programme de pédologie... *occasionnelle*, ainsi que des leçons, des conférences et des comptes rendus d'ouvrages de pédologie, le tout fabriqué par ordre pour la circonstance. Ces documents sont datés de 1909 et 1910 : ce sont des copies de revues et d'ouvrages parus sur la matière, en France et en Belgique.

Ainsi un élève de 4e année présente « une expérience sur la fatigue intellectuelle »; un autre, une conférence sur « l'étude objective de l'enfant »; un autre le compte rendu du chapitre IV : « Le cerveau de nos enfants », du livre du Dr M. de Fleury : *Le corps et l'âme de l'enfant.* Le

28 janvier 1910, une régente traite en une heure ce vaste sujet : « La psychologie expérimentale; critique de la psychologie classique. Evolution de la psychologie au XIXe siècle; psycho-physique, psycho-physiologie, psychologie expérimentale; but, méthodes, procédés, principes, défauts, mérites, bases, résultats de ces diverses étapes. » Cette conférence est tout simplement la reproduction d'un article de M. Van Biervliet paru dans les fascicules I et II des *Annales pédologiques.* Un professeur connaissant la matière ne s'aviserait jamais de condenser en une conférence cette matière et surtout de l'exposer à des jeunes filles d'école normale absolument incapables faute de préparation d'en comprendre un mot.

Une élève d'une autre école normale donne à ses condisciples « une conférence sur la fatigue des écoliers avec mensurations au dynamomètre et à l'esthésiomètre ». N'est-ce-pas prodigieux? Un autre rend compte de l'ouvrage de Binet : « *Les idées modernes sur les enfants* », chapitre sur la mesure de développement psychique. Cet élève n'a certes pas lu l'ouvrage; il lui a suffi de consulter la bibliographie de ce livre dans les *Annales pédologiques* (fasc. I, p. 64).

Avec l'*occasionnel*, on ne doute de rien ; en un tour de main on enseigne, *sans laboratoire*, une science expérimentale qui exige une longue préparation scientifique et des exercices spéciaux très difficiles avec des instruments de précision. L'*occasionnel* est une méthode électrique par sa rapidité : il suffit que le chef — de son bureau — commande des leçons, des conférences, des comptes rendus, et en quelques jours on lui en envoie une charretée, recopiés en noir et en rouge, avec dessins à la plume et à l'aquarelle. C'est plus fort que les miracles de la multiplication des pains et des poissons!

Malheureusement — ou plutôt heureusement — les élèves ne conservent aucun souvenir de ces leçons et de ces conférences rapides et verbales de pédologie.

Une directrice d'école primaire demanda à une institutrice sortie d'une école normale de l'Etat en 1909 :

« Avez-vous reçu des leçons de pédologie à l'école normale?

— Oui, madame.

— Donnez une idée de ce que traite la pédologie?

— La pédologie enseigne le but de l'enseignement du calcul, de la langue maternelle...»

La directrice lui fit remarquer qu'elle confond pédologie avec pédagogie ou méthodologie et elle lui dit ce qu'est la pédologie; l'institutrice déclara alors que jamais il n'avait été question de cette science ni directement ni occasionnellement à l'école normale qu'elle a fréquentée.

Des élèves sortis en 1910 d'une école normale de garçons qui a exposé des leçons et des conférences de pédologie, m'ont fait cette déclaration: « A l'école normale, il n'y a pas eu de cours de pédologie, ni par conséquent d'examen sur cette matière; nous n'y avons jamais vu aucun des instruments qui se trouvent à l'exposition. »

Depuis que la ville de Bruxelles (en septembre 1905) et la province de Hainaut (en octobre 1906) ont établi des laboratoires de pédologie dans leurs écoles normales et nommé des professeurs spéciaux pour enseigner en cours suivi cette branche expérimentale, le gouvernement est tourmenté par le désir de faire quelque-chose en cette matière, mais *occasionnellement*. Il a commencé par faire donner un cours à des professeurs d'écoles normales et aux inspecteurs (1908-09). Puis il a créé un *Institut national belge de pédologie* (juin 1909). Les savants belges qui, depuis des années, ont publié des travaux spéciaux sur la matière, n'ont pas été appelés à faire partie du comité directeur de cet institut, car tous sont des esprits libres et le gouvernement ne nomme que des cléricaux, même s'ils sont absolument étrangers à la science à développer et à propager. Par contre, il a fait figurer parmi les « pédologistes » officiellement estampillés par lui, un ancien inspecteur d'écoles épiscopales, M. Sengers, actuellement inspecteur des écoles publiques et célèbre dans les villages campinois par un traité d'hygiène à l'usage des écoles qu'il a publié en l'an de Notre-Seigneur 1898 (« *'t jaar O. H.* », lit-on sur la couverture). Il y traite de la rage par la méthode des miracles : « Les personnes croyantes, dit-il, qui ont été mordues par un chien enragé vont à Saint-Hubert. A condition de suivre strictement les prescriptions, elles sont toujours et infailliblement guéries par un miracle perpétuel. » Il ajoute « qu'elles peuvent ensuite aller à l'Institut Pasteur ».

Confiée à des conducteurs de pèlerinages, la pédologie belge ne peut que prospérer dans les voies du Seigneur. Depuis sa fondation, l'Institut a examiné et discuté l'écriture droite et l'écriture penchée — question sur laquelle les membres de cet aéropage n'ont pas encore pu se mettre d'accord. Après le miracle de Saint-Hubert guérissant les enragés, est-ce que M. Sengers ne pourrait pas évoquer le Saint-Esprit pour éclairer les pédologistes officiels sur cette question tant de fois ressassée et qui n'a avec la pédologie que des rapports lointains?

Le gouvernement a déjà obtenu le miracle d'élèves d'écoles normales faisant des travaux de pédologie sans y avoir été préparés et sans instruments. L'Institut national présidé par M. Descamps ne peut pas faire moins, semble-t-il.

§ 11. — La géologie.

Le compartiment de la géologie nous réserve aussi des surprises. Cette science ne figure pas au programme et n'est pas enseignée. Cependant on a exposé un programme complet, des plans de leçons et de conférences, des comptes rendus de traités spéciaux, le tout illustré de cartes, de coupes, d'encadrements attirant le regard.

Des élèves ont copié, évidemment sans y rien comprendre, des plans de leçons universitaires. Une jeune fille de deuxième année normale a exposé, en 1909-1910, « le système carbonifère » sans qu'on lui eût jamais enseigné les éléments indispensables pour comprendre ce sujet très complexe. Ce fut l'affaire d'une conférence... sur le papier pour l'Exposition.

Une autre a exposé en une seule conférence la vaste question « du vulcanisme : définition, manifestations, description d'un volcan, déjections, cônes, composition des laves ». Une troisième s'attaque « au métamorphisme des roches », question des plus ardues qui exige, pour être comprise, des études préalables qu'elle n'a pas faites; aussi se tire-t-elle d'affaire en copiant un texte sans le comprendre et en le répétant comme un phonographe.

Des comptes rendus de lectures recommandées portent la trace de l'ignorance de ceux qui les ont composées.

Une jeune fille a été chargée d'analyser le chapitre des fossiles de la géologie de Geikie, et elle conclut par cette définition naïve : « On appelle fossile, la partie de plante ou d'animal incrustée dans une roche ». Un élève de première année a été chargé d'analyser « les tremblements de terre » par F. Fouquet. Un autre est mieux partagé encore : il a dû résumer la « Géologie expérimentale » de Meunier ! Visiblement ces sujets ne sont pas à leur portée et ils n'y ont rien compris.

Un professeur a envoyé le plan d'une conférence occasionnelle dans laquelle il a fait figurer à peu près toute la géologie ; en voici le compendieux sommaire : « Définition de la géologie, histoire de la géologie, histoire de la paléontologie, histoire du globe terrestre, ères primaire, secondaire, tertiaire, quaternaire, moderne ; caractéristiques minérales, végétales, animales ; histoire de l'homme et de la civilisation ; causes actuelles des modifications du relief terrestre ». Il faudrait plusieurs mois pour traiter cette matière, mais l'*occasionnel* fait des miracles pédagogiques en toute matière.

L'institut national de pédologie devrait étudier

les effets physiques et psychiques produits sur les élèves qui écoutent des conférences de l'espèce.

§ 12. — La technologie.

Le même système est appliqué à la technologie. Sur la cloison est affiché un vaste programme, dit « élémentaire », comprenant « les industries extractives, métallurgiques, mécaniques, électriques, des métaux ouvrés, des armes, du verre, de la céramique, des produits chimiques, des textiles, du bois, de caoutchouc, du papier et du carton, ainsi que l'imprimerie et l'industrie diamantaire ». Rien que cela ! Mais ne crions pas au surmenage, car, comme pour la géologie, la puériculture, la pédologie, on n'enseigne la technologie qu'occasionnellement, et ce n'est que pour l'exposition qu'on a transcrit des plans fictifs de leçons, d'excursions et des comptes rendus de livres recommandés, mais qui n'ont pas été lus.

Il suffit de citer. Un élève de deuxième année donne à ses condisciples une conférence sur « le principe de la dynamo électrique ». Dans une école de filles, on donne une conférence sur « la télégraphie sans fil ». Notons que les notions de physique du programme obligatoire sont absolument insuffisantes pour que ces sujets soient abordés efficacement dans les écoles de l'Etat. Et tout cela sans matériel didactique !

Pour enseigner la technologie, il faudrait visiter les établissements industriels ; mais le temps manque ; on se contente de charger les élèves de lire et de résumer des livres ou des revues traitant de la fabrication de la bière (oubliée au programme *occasionnel*), du papier et d'autres produits industriels. On a demandé aussi aux élèves de former pendant les vacances des collections technologiques de matières premières et de produits fabriqués appartenant à des industries locales sur lesquelles il n'a pas été parlé dans le cours.

La plupart des documents technologiques exposés sont donc fictifs. Lorsqu'ils ne le sont pas, les conférences et les leçons ont été inefficaces, soit par la surabondance des matières traitées rapidement par de simples exposés verbaux, soit par manque de préparation pour les comprendre.

§ 13. — L'économie politique et l'expansion belge.

Le 29 décembre 1905, une circulaire ministérielle annonça que des spécialistes donneraient aux quatre années réunies quelques conférences sur l'économie politique — branche supprimée en 1884 du programme des écoles normales. On venait d'inventer l'expansion mondiale et, à Mons, un congrès avait été consacré à cette mirifique conception. Il fallait l'introduire occasionnellement dans les écoles normales et dans les écoles primaires.

Un programme d'économie politique fut formulé. Il est exposé en *deux* conférences condensées. La première traite : « des besoins, du bien ou richesse, de l'activité économique, de la production et des facteurs de la production ; de la nature : milieu, matière première, terrain ; la terre, fond producteur autonome ; le travail, le capital ». La seconde porte sur : « l'organisation de la production, les étapes de l'évolution industrielle, la division du travail, les forces motrices et les machines, l'association dans les productions. »

Ce vaste programme est tout bonnement la copie d'un traité autographié suivi à l'université de Liége — le cours de M. Mahaim. Mais, tandis qu'il faut une quarantaine de leçons pour l'enseigner à des étudiants, on le présente en deux conférences à l'exposition — nouveau prodige de rapidité et de superficialité caractérisant l'occasionnel !

Une circulaire du 10 décembre 1906 chargea les professeurs ordinaires de géographie qui avaient suivi un cours d'économie politique à l'Université de Liége, de faire aux quatre années réunies « un exposé succinct » des matières qu'ils avaient étudiées, c'est-à-dire des deux conférences ci-dessus. La « partie dogmatique » devait être réduite au strict nécessaire ; des exemples frappants empruntés à l'histoire, à la géographie, et « au besoin » à d'autres branches du programme obligatoire, serviraient « à illustrer l'exposé théorique et à rendre compréhensible au jeune auditoire les abstractions de la science ». On consacrerait une dizaine de conférences à ce programme.

N'est-ce pas une ineptie que de vouloir enseigner ainsi une science particulièrement complexe ?

En 1909 (28 octobre) nouvelle circulaire : les conférences d'économie politique ne se donneront plus qu'en 3e et 4e année. On s'était aperçu que les élèves des deux premières années n'y comprenaient rien!

Les instructions ministérielles sur la matière sont quelque chose de bien extraordinaire. On y apprend que l'économie politique doit s'inspirer du cours de morale pratique, car « par la contemplation de faits où se révèlent la puissance et la sagesse divines... par une analyse attentive d'actes et de sentiments humains, convenablement choisis... par des exercices pratiques et des récits émouvants empruntés à l'histoire et à diverses circonstances de la vie... un maître *habile* sait conduire ses élèves au discernement du bien et du mal, à la notion des grandes vérités morales, à l'exercice de la vertu ». Vainement on se demande quels rapports ce pathos peut avoir avec l'économie politique et l'expansion belge!

Ce cours doit s'inspirer aussi de la Constitution belge, en faisant « apprécier la sagesse et les bienfaits de nos institutions constitutionnelles... en inspirant le respect et l'amour des institutions sur lesquelles reposent la tranquillité, l'honneur et le bien-être du pays. »

Des recommandations en ce style grandiloquent se développent dans une série de circulaires laborieusement rédigées au ministère pour incorporer l'économie politique et l'expansion belge dans « les leçons d'élocution, de géographie, d'histoire, de sciences naturelles, de tenue des livres ».

Aimez-vous le séné? On en a mis partout.

L'occasionnel est aussi partout; c'est la confusion des branches! Par cette méthode, on finit par ne plus enseigner absolument rien. C'est l'incohérence érigée en système pédagogique.

§ 14. — L'éducation esthétique.

Une salle a été réservée à l'éducation esthétique.

Ce n'est pas la moins extraordinaire de cette série d'expositions défiant le bon sens.

Depuis le 3e Congrès de l'Art public qui eut lieu à Liège, en 1905 et où un programme complet d'art à l'école fut développé dans la première section, on parait s'être évertué à l'appliquer au ministère des Sciences et des Arts suivant les principes de la méthode occasionnelle.

Un programme immense d'histoire de l'art a été affiché. Le voici :

1. L'art égyptien et chaldéo-assyrien.
2. L'art grec.
3. L'art romain.
4. L'art chrétien. Le roman, le gothique.
5. L'art arabe.
6. L'art de la Renaissance.
7. Les peintres de la Renaissance. XVe et XVIe siècle.

Ecoles méridionales :

a. Italienne : Raphaël, Michel-Ange, Le Titien, etc.
b. Espagnole : Velasquez, Murillo, etc.

Ecoles du Nord :

a. Flamande : les fondateurs de l'école flamande, Van Dyck, Memling, Breughel, Rubens et son école.
b. Hollandaise : Rembrandt.
c. Allemande : Dürer, Holbein.
d. Anglaise : Reynold.

8. L'école française : XVIIe et XVIIIe siècle : Poussin, Lorrain, Watteau.

9. La peinture au XIXe siècle :

a. Ecole française : David, Puvis de Chavanes, Ingres, Delacroix, Millet.

b. Ecole belge : Gallait, Navez, Madou, De Braekeleer, Wiertz, Leys, De Groux, Stevens, C. Meunier, etc.

10. La sculpture en Belgique au XVIIe siècle : Duquesnoy; au XVIIIe siècle : Delvaux; au XIXe siècle : Fraikin, Geefs, Simonis, Dillens, Jef Lambeaux, C. Meunier, etc.

11. Les grands musiciens :

a. Belges : Tinctoris, Orlando Lasso, Grétry, Vieuxtemps, Benoît, César Franck, Gevaert, Tinel.

b. Allemands : Mozart, Glück, Haendel, Haydn, Beethoven, etc.

c. Français : Lulli, Rameau, Méhul, Gossec, Berlioz, Gounod, Chopin, Massenet, etc.

d. Italiens : Pergolèse, Donizetti, Bellini, Cherubini, Boccherini, Verdi, Rossini, etc.

Pour enseigner ce programme, il faudrait plusieurs années de leçons hebdomadaires, des collections spéciales de reproductions d'œuvres d'art, de nombreuses visites dans les musées et les monuments artistiques, en Belgique et à l'étranger. L'esthétique, en effet, ne s'enseigne pas au moyen d'exposés verbaux occasionnels, même agrémentés de dessins et de cartes postales illustrées.

Or, la notice du gouvernement dit : « Dans l'état actuel de l'organisation des études normales, ces matières, quoique très intéressantes pour de futurs éducateurs, ne peuvent, faute de temps, devenir l'objet de cours réguliers; *occasionnelle-*

ment les élèves en reçoivent des notions qui suffisent à leur inspirer le goût et à leur donner les moyens de les étudier après leur sortie de l'école normale. »

Pourquoi, si on n'enseigne pas ce programme, l'affiche-t-on avec ostentation? C'est un trompe-l'œil.

L'interprétation occasionnelle de ce programme s'est faite sur commande, comme le reste; il suffit d'examiner les documents exposés pour en être convaincu. Tous portent la date de 1909 et 1910. Ainsi, alors que depuis 1884 le gouvernement n'a jamais encouragé les excursions scolaires, qu'il a même défendu d'en faire d'une durée de plusieurs jours, on en a fait en 1909, coup sur coup pour fournir des relations écrites de visites de musées d'art. On y a mis une hâte et une exagération trahies par les dates inscrites sur les travaux des élèves. Ainsi une école normale de filles a fait *douze* excursions d'art pendant le seul mois de mai 1909!

Une classe de filles se rend de province à Bruxelles, traverse la ville, arrive au palais du Cinquantenaire, et, en une visite rapide, elles étudient « l'art grec, l'art indien, l'art roman, l'art gothique, l'art de la renaissance » ; elles décrivent abondamment une foule de monuments, dessinent d'après des photographies, collent sur leurs comptes rendus des cartes postales. L'occasionnel est une méthode kaléidoscopique; mais que reste-t-il dans l'esprit après de pareilles leçons, si ce n'est la confusion la plus complète?

La leçon d'histoire sur le siècle de Périclès donne l'occasion de décrire la colonne dorique, la colonne ionique et la colonne corinthienne, avec croquis. Une régente trouve, à propos de nous ne savons quel sujet d'enseignement direct, une application imprévue : elle expose, en détail, l'histoire de « la danse à travers les âges » avec description « du menuet de côté, du menuet en arrière... » et arrive à cette conclusion amusante : « La danse est préférable à la gymnastique...., c'est un divertissement synonyme de santé, de gaieté, voire même de bonté ».

Parmi les relations d'élèves, notons ce passage suggestif qui ne manque pas de charme. Une classe d'une école de province est conduite au Musée de peinture moderne, à Bruxelles. Un élève a contemplé le tableau de De Groux : Le *Départ du conscrit*. Il dit : « Pardonnez à mon irresponsable ignorance en cette matière... Les ilotes en fait de peinture sont légion et je suis malheureusement de ceux-là. Ma nomenclature des peintres illustres se borne à quelques grands noms : Michel-Ange, Véronèse, Rubens, Rembrandt, et c'est tout... La même ignorance qui m'a fait laisser dans l'ombre la biographie de De Groux, m'oblige à garder un déplorable silence sur la renommée du *Départ du conscrit*... » Puis, il décrit le tableau. Ce naïf aveu en dit long sur la manière dont on fait l'éducation esthétique des élèves des écoles normales de l'Etat.

Un autre décrit la *Revue des Ecoles*, de Jan Verhas ; on lui a laissé ignorer la grande manifestation scolaire qui est le sujet de ce tableau, car il dit : « Cette toile est un agrandissement d'un instantané pris par le peintre lors de la revue de 1876. » Un instantané pris en 1876 !

Après l'école où l'on explore occasionnellement le domaine de la danse, passons à une autre où l'on s'occupe plus particulièrement de l'art musical et qui offre, elle aussi, des applications ahurissantes.

Une école normale en Wallonie expose le plan d'une conférence occasionnelle sur « la renaissance du folklore par la chanson populaire ». On s'attend à voir traiter la chanson en Wallonie et en Flandre, régions riches à ce point de vue. Il n'en est pas question. La conférence est une compilation lourdement pédantesque d'ouvrages français. Elle débute par Gaston Paris « qui a dessiné un arbre généalogique de la chanson populaire »; elle cite plus de cinquante noms d'écrivains, de poètes qui ont ressuscité la chanson populaire ou chanté la Bretagne, la Picardie, la Bourgogne, le pays Messin, le Barrois, la Provence, la Normandie, bref toutes les provinces de France. L'auteur de cette interminable nomenclature conclut que « la chanson... est un commencement de l'éducation artistique du peuple et, comme la haute poésie, en chantant la Terre et la Race, elle fête éperdûment la Justice, la Beauté, la Vérité! »

Voilà un échantillon du complément de culture esthétique « qui suffira à inspirer aux élèves le goût et à leur donner le moyen » d'étudier plus tard la chanson populaire! En attendant, ces futurs instituteurs belges doivent croire qu'il n'existe de chanson populaire qu'en France et que c'est dans les auteurs français qu'ils doivent s'inspirer. Ils ont entendu citer cinquante poètes, mais pas un Wallon ni un Flamand ayant chanté « la Terre et la Race ».

N'eût-il pas mieux valu puiser dans les riches collections de nos chants populaires? Elles ne manquent pas, car le terroir a été exploré depuis longtemps à ce point de vue par une foule d'écrivains et d'artistes : En 1848, Willems (D. F.) et Snellaert publiaient « Oude Vlaemsche liederen »; en 1854, Van Duyze (P.) « De Volkszang in de Moedertael » ; en 1879, Lootens (A.) et Feys (J. M. I.) « Chants populaires flamands avec les airs notés et poésies diverses recueillies à Bruges » ; de 1879 à 1881, Ruelens (K.) et De Bruyne (J.) donnaient « Refereinen en oudere gedichten uit de XVIe eeuw »; en 1889, Terry (L.) et Chaumont publiaient un « Recueil de crâmignons et de chansons populaires de Liége » ; en 1894 paraissait « Onze historische volksliederen » de Frédéric (P.); en 1894 « Honderd oude vlaamsche liederen » de Bols ; en 1901 Closson (E.) « Chansons populaires des provinces belges ».

La ville de Bruxelles a mis entre les mains des élèves de ses écoles, un recueil de chansons populaires du pays d'Ath par Jouret, et un recueil de chansons flamandes. Les œuvres nationales de l'espèce ne manquent pas. On paraît les ignorer dans les écoles normales de l'Etat. Cependant avant de parler des œuvres de l'étranger, ne faut-il pas faire connaître notre propre trésor artistique, car la chanson populaire, c'est « la Terre et la Race »?

La même incompréhension se manifeste dans une conférence d'élève d'école normale traitant « la Rénovation du chant d'école ». Il faut croire qu'il n'a pas trouvé dans la bibliothèque, ni dans les notes du cours, des renseignements sur la très riche littérature belge de langue française et de langue flamande en matière de chant d'école, car sa conférence est un démarquage d'articles de revues françaises; il y est exclusivement question de recueils parus à Paris, et beaucoup de noms sont estropiés (1), dans la hâte d'une copie calligraphiée pour figurer à l'exposition.

Depuis Bouillon et Van Hasselt (d'Aveline) qui, il y a un demi-siècle, publièrent un excellent recueil de chants d'école, nombreux sont les Belges qui en ont composé, valant et parfois surpassant les œuvres françaises. Or, dans cette conférence, pas un seul ouvrage de notre pays n'est cité. Est-ce ainsi qu'il faut comprendre l'éducation esthétique nationale?

Mais voici une leçon extraordinaire entre toutes. Le professeur présente le plan d'une leçon de chant. Il a choisi : *Le Bûcheron* de M. Botrel. Il déclare que « le ton original de cette chanson étant assez difficile et la mélodie par sa contexture en dehors de la tessiture des voix d'enfants, il convient de la transposer un ton au-dessus, en *fa* majeur, une des trois tonalités fondamentales ».

N'est-ce pas inouï? Alors qu'il existe dans nos

---

(1) Dalcroze, Jacques Dalcrose, J. Dalcrose, pour Jaque-Dalcrose ; Perné pour Pierné, Vidor pour Widor — Ailleurs nous lisons : Picaut pour Pécaut. D'ailleurs les fautes d'orthographe sont nombreuses dans beaucoup de travaux qu'on n'a pas eu le temps de reviser.

recueils belges d'admirables chants écrits pour les élèves primaires, ce professeur va prendre une œuvre française qui n'a pas été écrite pour les écoles; car Botrel n'est rien moins qu'un auteur pédagogique, quel que soit son talent!

La méthode d'enseignement est plus extravagante encore que le choix de ce morceau.

Les quatre petites strophes, d'une vingtaine de mots chacune, d'une compréhension d'ailleurs facile, sont déchiquetées par une pédantesque interrogation comprenant vingt-sept questions! Citons-en quelques-unes : « *Résumez cette strophe d'un seul mot?* (C'est une absolue impossibilité.) *Que pensez-vous du rythme, du nombre, des rimes? Appréciez la strophe comme œuvre littéraire; montrez que l'idéal requis par la chanson est atteint!... Justifiez l'emploi de l'archaïsme : le mitan.... Comparez ce chant à la* Chanson des Chênes *d'*Anatole Le Braz ». Et cela s'adresse à des élèves d'écoles primaires!

Quatre estampes découpées dans le recueil sont collées sur cette préparation, et vingt-neuf questions sont formulées à leur propos, bien que ces images soient d'une grande simplicité et qu'un enfant les comprendrait du premier coup d'œil. Exemple : « *Nommez les différentes parties de l'accoutrement des personnages. Appliquez une comparaison à chacune de ces parties. Décrivez le cadre; établissez une comparaison. Combien d'idées faut-il relever à ce propos pour en dessiner l'aspect original? Décrivez la porte de la chaumière. — Décrivez l'écorce du chêne. — Combien d'éléments interviennent dans la description d'un sous-bois en été, en automne, en hiver?* »

La plupart de ces questions sont d'incompréhensibles charades; les autres sont d'une difficulté hors de la portée des élèves d'une école primaire et même d'une école normale. Déchiqueter un poème, une gravure, une mélodie, par ce système de questions, ce n'est pas seulement faire perdre un temps précieux aux élèves, c'est encore enlever à l'œuvre d'art tout son parfum, toute sa valeur d'expression. Comment pourrait-elle encore plaire après cette sèche dissection?

Il faudrait plusieurs heures pour donner cette leçon. Les élèves, au bout de l'année, n'auraient eu que de rares occasions d'apprendre à chanter par cette méthode qui disperse l'attention et pulvérise les sujets d'étude.

Un autre programme de chants d'école est présenté par une école normale de l'Etat ; il se compose uniquement d'œuvres populaires venant de France, telles que : *Il pleut bergère* (de FABRE D'EGLANTINE), *Malbrough*, la *Mère-Michel*, *Mr de la Palisse*, *Cadet Roussel*, le *Roi Dagobert* et d'autres de l'espèce. Comme l'autre, l'auteur de ce programme s'est contenté de copier dans des recueils publiés à Paris.

Dans le catalogue (écoles normales), le gouvernement dit qu'il a présenté des « albums et des tableaux parlants montrant l'enseignement occasionnel en action dans les écoles normales ». Il ajoute que « ces tableaux parlants... permettent d'embrasser d'un coup d'œil l'économie de l'enseignement occasionnel des matières du programme-type qui figure en tête de chacun d'eux ».

Ces tableaux ont parlé et la méthode occasionnelle a reçu le coup de grâce, car elle est un défi au sens commun. Les procédés employés par le Ministère des Sciences et des Arts, dans l'organisation de cette exposition phénoménale, démontrent que notre enseignement public est livré à ses pires ennemis : ceux qui le ridiculisent associés à ceux qui le sabotent systématiquement.

§ 15. — L'enseignement moyen.

L'exposition de l'enseignement moyen présentait un caractère tout différent de celle de l'enseignement primaire et normal. Le directeur général M. Klompers avait demandé aux préfets, aux directeurs, aux directrices, aux professeurs, d'exposer leurs travaux pédagogiques et, le cas échéant, des travaux d'élèves, pour montrer l'application des méthodes. Le compartiment de l'enseignement moyen fut donc l'exposition d'une collectivité de professeurs, agissant en pleine indépendance pour établir comment ils comprennent la méthode à appliquer dans l'enseignement des branches dont ils sont chargés. Le gouvernement n'est intervenu que pour assurer la réalisation des projets de ces exposants. Le résultat a été excellent : l'exposition avait un caractère pédagogique remarquable, des professeurs ayant fait preuve d'initiative intelligente. Leur effort est d'autant plus méritoire, que la plupart doivent enseigner dans des conditions peu favorables. Depuis un quart de siècle, le gouvernement n'a montré que de l'indifférence ou de l'hostilité pour les athénées et les écoles moyennes, toutes ses sympathies allant aux collèges ecclésiastiques et religieux. Malgré cette situation anormale, des professeurs ne se sont pas découragés ; ils ont trouvé auprès des administrations des grandes cités libérales l'appui matériel dont ils avaient besoin pour organiser méthodiquement leur enseignement, notamment en établissant des laboratoires pour donner à leurs leçons le caractère expérimental. A ce point de vue, l'exposition présentait des ensembles fort intéressants.

On se ferait cependant une fausse idée de l'état réel de notre enseignement en se figurant que le matériel didactique si abondamment exposé existe dans tous les athénées et dans toutes les écoles moyennes, et que les méthodes expérimentales présentées par un certain nombre de professeurs sont partout appliquées. Il n'en est pas ainsi à l'heure actuelle ; mais la démonstration faite a été si complète et si convaincante, qu'on a le droit d'espérer que des mesures seront prises pour doter tous les athénées et toutes les écoles moyennes du matériel didactique de choix qui figurait à l'exposition et pour faire appliquer partout les méthodes préconisées par quelques professeurs, dont la valeur pédagogique s'est affirmée avec éclat.

§ 16. — **Histoire de l'enseignement moyen.**

De nombreuses monographies manuscrites d'athénées et d'écoles moyennes étaient exposées, toutes fort intéressantes, quelques-unes extrêmement importantes par leur riche documentation. Nous signalons particulièrement celle de l'athénée de Mons, due au préfet des études, M. Becker, qui a tracé le tableau de l'évolution de l'enseignement moyen dans cette ville depuis le moyen âge jusqu'à l'époque contemporaine. Les archives de Mons ont été explorées par lui et il y a fait des découvertes précieuses. Cette monographie devrait être publiée; elle montre, par des faits, des programmes, des méthodes, des statistiques, l'état, le caractère, le but, la tendance de l'enseignement moyen sous les divers régimes par lesquels la Belgique a passé depuis six siècles.

Cet enseignement resta longtemps autoritaire, livresque et verbal : l'étude de la religion et du latin en constituait le fond; au XVIe siècle, on y ajouta un peu de grec. Les versions, les thèmes, la versification, la composition du discours latin, la lecture commentée de quelques auteurs, tels sont les exercices que faisaient les élèves pendant six années pour se préparer aux hautes fonctions sociales; les mathématiques figuraient au programme, mais étaient fort peu développées : on se contentait des définitions et de quelques théorèmes d'Euclide. Le collège formait des étudiants pour l'université de Louvain, la plupart se préparaient à l'état ecclésiastique.

La suppression de l'ordre des Jésuites par la bulle du pape Clément XIV (20 juillet 1773) amena la fermeture de leurs nombreux collèges dans les Pays-Bas autrichiens. Le gouvernement profita de la situation pour ré[illegible]ner les études moyennes en créant des collèges d'Etat. La langue maternelle, l'histoire, la géographie, l'astronomie, la physique furent ajoutées aux branches de l'ancien programme; on fit choix de meilleurs professeurs par le système des concours. Pour les sciences expérimentales on n'en trouva guère, les collèges et l'université n'en ayant jamais préparé. Les collèges théresiens marquaient un progrès considérable.

La Convention nationale réorganisa l'enseignement moyen et supérieur sur un plan nouveau; les collèges furent remplacés par des *écoles centrales* enseignant un programme d'humanités philosophiques et scientifiques ; on y annexa des bibliothèques, des laboratoires de physique, des cabinets d'histoire naturelle, des musées d'art. Mais les ressources manquaient et aussi les professeurs pour réaliser cette vaste conception.

La réaction napoléonienne marqua la chute des écoles centrales, la création des lycées avec le programme de Marie-Thérèse et, en plus, les exercices militaires donnés dans ces écoles qui devinrent la pépinière des sous-officiers, des officiers et des fonctionnaires dont l'empereur avait besoin.

Sous Guillaume Ier (1814-1830) le caractère militaire disparut des lycées transformés en athénées, mais le latin redevint la branche principale, les universités de l'Etat établies à Gand, à Louvain et à Liége donnant tout leur enseignement en cette langue, comme au XVIe siècle. Dans la région flamande, la langue néerlandaise fut substituée graduellement à la langue française comme langue véhiculaire.

De 1830 à 1850, l'Etat se désintéressa de l'enseignement moyen; les communes soutinrent les athénées. Les collèges ecclésiastiques et religieux, qui n'avaient pu se développer librement depuis la Révolution française, profitèrent de la liberté de l'enseignement et attirèrent à eux la plus grande partie des fils de la bourgeoisie se préparant à l'enseignement supérieur. L'université de Louvain fut fondée en 1834, au moment où les universités de l'Etat, mal soutenues, périclitaient. Le plan de l'Église romaine était de reprendre la direction morale des classes dirigeantes, par l'enseignement moyen et supérieur. La fondation de l'université libre de Bruxelles (1835), la réorganisation des universités de l'Etat de Gand et de Liége, la loi de 1850 sur l'enseignement moyen empêchèrent le pays d'être complètement résorbé par l'enseignement immuable, dogmatique, autoritaire et confessionnel des collèges religieux.

La loi de 1850 établit des athénées royaux et des écoles moyennes. Ces dernières étaient et sont restées des écoles primaires avec section supérieure; elles n'appartiennent pas en réalité à l'enseignement moyen; elles ne préparent ni à l'athénée ni à l'université; ce sont des écoles primaires supérieures payantes pour les enfants de la bourgeoisie.

§ 17. — Humanités anciennes et humanités modernes.

Les programmes des athénées ont à diverses reprises été modifiés. La lutte s'est fatalement engagée entre deux conceptions : celle des humanistes et celle des scientistes. Les premiers veulent le retour au programme des siècles passés, la formation de l'élite intellectuelle par le latin et le grec; ils concèdent que la langue maternelle et les langues modernes peuvent aider à atteindre le but éducatif; ils acceptent au même titre un peu de mathématiques, d'histoire et de géographie; mais l'étude des belles-lettres doit être l'essentiel, comme sous l'empire romain et à la renaissance.

A ces humanités littéraires, classiques, gréco-latines, on oppose les humanités modernes, ou plus exactement les humanités scientifiques. Le milieu a changé prof. lément, surtout au cours du dernier siècle caractérisé par l'essor prodigieux des sciences expérimentales, de leurs applications et par le développement de l'industrie. Au point de vue utilitaire, la connaissance des sciences est devenue prépondérante; et, au point de vue de la formation de l'esprit, les méthodes scientifiques sont des moyens d'une puissance que les méthodes classiques n'ont jamais possédée. C'est dans les travaux des laboratoires de physique, de chimie, de biologie, de sociologie, combinés avec les observations dans les grands laboratoires de la vie, la nature et la société, que s'éveille et se forme l'esprit d'observation, que s'acquiert l'intelligence des réalités.

Les programmes des athénées se ressentent de cette lutte entre deux conceptions opposées. On a fait des transactions provisoires qui sont des cotes mal taillées. L'athénée comprend : 1° une section d'humanités anciennes, avec deux sections : la gréco-latine et la latine; 2° une section d'humanités modernes avec une section scientifique et une section commerciale. A l'âge de dix à onze ans, il faut choisir pour l'enfant les humanités anciennes ou les humanités modernes, alors qu'on ne connaît ni ses aptitudes ni ses goûts. Si après trois ou quatre années, on s'aperçoit qu'on s'est trompé, il faut que l'enfant recommence au point de départ. Ce système est indéfendable. Les études moyennes devraient être superposées sans solution de continuité aux études primaires et par conséquent ne commencer qu'à douze ans ; pendant les premières années constituant le cycle inférieur, les études devraient être les mêmes pour tous ; la bifurcation ne devrait commencer que dans le cycle supérieur, vers l'âge de quinze ans. Enfin les certificats d'études moyennes complètes devraient être équivalents pour l'admission dans les facultés universitaires et dans les écoles spéciales. Le programme des athénées et le programme d'examen d'admission dans les écoles spéciales et les universitaires devraient coïncider. Il n'en est pas ainsi actuellement et cette situation anormale reste perdurer bien qu'elle soit injustifiable.

Il est intéressant de noter que dans les athénées, les collèges communaux et patronnés, les humanités modernes attirent le plus grand nombre d'élèves. Voici les chiffres :

I. *Humanités anciennes*	2,203 élèves
II. *Humanités modernes*	5,446 »
	7,649 élèves

Dans les établissements ecclésiastiques et religieux, le phénomène inverse se produit :

I. *Humanités anciennes*	10,800 élèves
II. *Humanités modernes*	5,738 »
	16,538 élèves(1).

(1) J. Verss, S.-J. : *Vers la suppression de la liberté d'enseignement.* Bruxelles, 1907. Libr. Dewit.

L'Église profite ainsi largement de la loi de l'enseignement supérieur qui exige le certificat d'humanités anciennes pour l'admission dans plusieurs facultés universitaires ; elle prépare le plus grand nombre des futurs professeurs, des docteurs en droit, des docteurs en médecine.

La population relativement considérable de ces collèges n'est pas due à leur supériorité, mais à l'organisation en leur faveur d'une propagande qui embrasse le pays entier et se fait par le clergé et par les associations catholiques. Elle est aussi la conséquence du privilège que possèdent les établissements privés de délivrer des certificats d'humanités sans examen public, certificats qui ouvrent à ceux qui les possèdent les portes des facultés universitaires et qui leur attribuent une voix électorale supplémentaire. Nul n'ignore que depuis plus d'un quart de siècle le gouvernement réserve les nominations de professeurs, de magistrats, de fonctionnaires, à peu près exclusivement aux candidats qui ont fait leurs études dans les collèges ecclésiastiques et religieux. Les athénées ont donc à lutter pour l'existence dans des conditions extrêmement pénibles, le gouvernement qui les dirige, conspirant contre l'enseignement public mettant tout en œuvre pour les affaiblir et les ruiner, au lieu de les soutenir, de les développer, de les améliorer.

Malgré tout, l'enseignement moyen public s'est maintenu et les méthodes, jadis expositives et verbales, se sont transformées profondément.

§ 18. — La physique et la chimie.

Dans l'enseignement des sciences expérimentales, la quantité des matières que l'on fait connaître, à moins d'importance que la méthode elle-même. Pour qu'il ait une véritable valeur éducative, il importe que les élèves soient initiés à la pratique du laboratoire. Il ne suffit pas que le professeur travaille devant eux, attirant leur attention sur ce qu'il se propose de démontrer ; il faut que tous les élèves puissent manipuler eux-mêmes.

Le laboratoire doit donc être combiné pour l'enseignement collectif et individuel. Cette nécessité a exercé la sagacité de quelques professeurs qui ont donné de bonnes solutions à ce problème.

M. Seligmann, professeur à l'Athénée royal de Bruxelles, a constitué un cabinet de physique qui n'est pas une collection quelconque d'appareils de démonstration comme on en voit partout, mais un ensemble de dispositifs expérimentaux, prêts à réaliser les expériences et les réalisant dans les vitrines mêmes où ils se trouvent, par un minimum de petites opérations simples et faciles. Ces expériences, sériées suivant l'ordre méthodique de l'enseignement, se répètent à volonté, grâce à un double courant électrique, l'un à haute, l'autre à basse tension. Le professeur n'a plus à perdre son temps à préparer les appareils et ne risque plus de manquer les expériences, celles-ci se réalisant automatiquement sous les yeux des élèves, qui peuvent les répéter eux-mêmes pour les mieux observer et pour bien saisir les relations de cause à effet.

Parmi les appareils marquants de cette collection, il faut citer notamment : la machine pneumatique de Gaede, construite par Leybold, une petite merveille qui laisse loin derrière elle les appareils classiques; elle fait le vide dans un tube à un centième de millimètre; l'appareil à projections de Max Kohl; le thermoscope de Loosen pour expériences sur le calorique; le spectroscope Schmidt et Haemsch : en quelques minutes on peut observer les raies spectrales de l'hydrogène ou d'un métal, comparer le pouvoir absorbant des métaux et des surfaces noircies; projeter un arc voltaïque, mesurer une résistance, obtenir tous les aspects de la charge électrique dans le vide.

Dans une grande cloche, M. Seligmann a réuni les appareils classiques qui montrent les effets du vide; on la relie à la pompe pneumatique et immédiatement se déroulent sous les yeux les divers phénomènes qui se précisent avec netteté : baisse du baromètre, augmentation du poids du baroscope, etc.; la rentrée graduelle de l'air dans la cloche donne la contre-épreuve.

L'idée réalisée par le professeur Seligmann est digne d'être examinée par tous les gens d'enseignement; le cabinet de physique tel qu'il l'a conçu peut être plus ou moins développé suivant le degré de l'enseignement, l'étendue du programme; le dispositif fondamental est important, car il permet de propager un enseignement de la physique vraiment objectif et expérimental.

Ce laboratoire si pratique, qui peut être installé

partout, est le complément d'un traité de physique que M. Seligmann a rédigé et qui laisse loin derrière lui les manuels de l'espèce publiés en Belgique et en France. C'est la science moderne adaptée à l'enseignement moyen et présentée méthodiquement, sans détails inutiles, mais aussi sans lacune.

M. G. Kemna a résolu le problème de l'enseignement expérimental de la physique en construisant lui-même des appareils de démonstration très ingénieux. Nos athénées devraient posséder, comme les collèges des Etats-Unis, comme les écoles normales de notre pays, des ateliers organisés pour exercer les élèves aux travaux du bois, du verre, du fer, où ils pourraient préparer, tout au moins en partie, le matériel nécessaire à l'enseignement expérimental.

M. Goldschmidt — qui exposait dans le compartiment des Sciences et des Arts — a cherché à rendre l'étudiant indépendant du professeur et du livre. A cet effet, il a construit un laboratoire d'électricité particulièrement ingénieux qui permet à l'étudiant de faire lui-même, sans le secours du professeur et en ordre sérié, toutes les expériences nécessaires pour comprendre ce chapitre important de la physique. Les appareils sont placés sur des tables ou des rayons à une hauteur calculée qui permet d'observer debout ; ils se trouvent isolés pour chaque expérience dans une vitrine ; il suffit de pousser sur un bouton, de tourner une manivelle ou de tirer une chaînette, pour qu'instantanément l'expérience se réalise sous les yeux de l'observateur. Entre l'étudiant et l'appareil démonstratif, il n'y a pas d'intermédiaire : il doit agir lui-même, voir par ses propres yeux, observer, comparer, réfléchir, conclure par son effort personnel. Un guide représente schématiquement le dispositif de chaque appareil et indique brièvement comment il faut s'y prendre pour l'actionner et ce qu'il faut observer ; ce n'est pas un traité d'électricité, il réduit au strict minimum les indications pratiques nécessaires pour chaque expérience. L'automatisme des appareils est absolu : l'expérimentateur n'intervient que pour produire le déclanchement par une légère pression ou une traction d'un instant. M. R. Goldschmidt a supprimé le professeur. Pour les projections lumineuses, il a supprimé l'opérateur : c'est le professeur qui, après avoir placé ses clichés dans l'appareil, fait fonctionner celui-ci à sa guise par une pression sur un bouton électrique.

Le laboratoire d'électricité de M. Goldschmidt est précieux parce qu'il permet à celui qui désire étudier ce chapitre capital de la physique de réaliser lui-même toutes les expériences, en les recommençant autant de fois qu'il est nécessaire et en un moment quelconque de la journée, à sa convenance. L'ingénieux inventeur de ce laboratoire avait personnellement constaté, pendant la période d'études scolaires, qu'il n'avait rien compris aux études verbales et livresques et pas plus aux leçons soi-disant expérimentales que des professeurs donnaient en présence d'auditoires plus ou moins nombreux en faisant quelques expériences qu'il était impossible de suivre avec attention et profit. Il estime que l'étudiant doit pouvoir expérimenter lui-même, sans l'intermédiaire d'un professeur : la méthode « autodidactique » lui paraît la seule réellement efficace.

M. CH. FRANCOTTE a construit pour la chimie une table de manipulations remarquablement pratique. A chaque table travaillent côte à côte et face à face des groupes d'élèves, dont chacun a, à sa disposition, une série d'appareils et de réactifs disposés de manière à faire produire le maximum de résultats dans le minimum de temps; de plus les tables sont combinées de telle façon que le professeur peut suivre facilement le travail des élèves et le contrôler. La cage d'évaporation peut être placée à l'endroit le plus favorable dans le laboratoire; elle est agencée de façon à permettre aux élèves de voir de tous les côtés les appareils qui y fonctionnent. Les élèves de l'Athénée de Bruxelles construisent en outre un certain nombre d'appareils pour les expériences. M. CH. FRANCOTTE a doté les écoles d'une table de manipulations et d'appareils réellement perfectionnés et bien adaptés aux nécessités de l'enseignement collectif.

§ 19. — **Les sciences biologiques.**

Les sciences biologiques sont une valeur éducative considérable lorsqu'elles sont enseignées par la méthode expérimentale. Elles sont indispensables pour préparer à la compréhension de la nature humaine et à celle des phénomènes sociologiques. Elles sont essentiellement concrètes, elles exigent constamment l'application de l'observation, de l'art de comparer et de classer. Dans la société actuelle, nous n'avons plus l'occasion d'observer la nature; nous vivons dans les villes, loin des êtres vivant normalement; tout ce qui nous entoure est artificiel, y compris les animaux domestiques et les plantes transformées par la culture et qui se présentent à nous hors de leur milieu naturel. Les enfants ne se familiarisent plus avec les plantes et les animaux; l'ignorance et les préjugés des parents les arrêtent même lorsqu'ils montrent quelque velléité de toucher aux petits animaux et aux plantes rustiques qu'ils leur représentent comme dangereux. Une source féconde d'observations et de connaissances leur est ainsi fermée.

Les éducateurs doivent réagir contre ces préjugés. En 1875, l'Ecole modèle organisa des excursions à la campagne. On rapportait de ces expéditions joyeuses des plantes, des insectes, des mollusques, qu'on avait observés et analysés sur place, qu'on étudiait ensuite en classe et dont on faisait des collections systématiquement classées. La méthode pénétra à l'Ecole normale et s'y développa. Les plantes et les animaux devinrent, en outre, des modèles pour le dessin d'après nature et servirent de motifs de décoration. Pour l'explication des phénomènes de la vie, on se servit de classiques, notamment de celui du Dr Auzoux, de planches murales et de dessins tracés au tableau noir ou sur de grandes feuilles de papier fort. En 1882, au cours temporaire de sciences organisé par le ministre M. P. Van Humbeeck pour préparer les instituteurs en fonctions à l'enseignement expérimental, les professeurs initièrent leurs élèves à la pratique du laboratoire biologique, des dissections, des observations microscopiques, des excursions scientifiques. C'était l'âge d'or de la pédagogie. C'est de cette époque que date l'impulsion donnée à la méthode expérimentale.

Longtemps, dans les athénées et même dans les universités, la biologie fut enseignée *ex professo* au moyen d'exposés verbaux : des professeurs lisaient ou récitaient des cahiers ou des manuels, les étudiants prenaient des notes en donnant souvent aux termes des formes orthographiques imprévues; ils rédigeaient ensuite les cours et s'efforçaient d'en retenir le texte.

Les examens étaient organisés de manière à constater simplement si les élèves avaient retenu ce qui avait été dit ; aussi s'y préparaient-ils par un « bloc » laborieux et épuisant et, l'épreuve terminée, ils se hâtaient d'oublier le grimoire dont l'acquisition avait été si pénible. Un enseignement donné dans ces conditions ne pouvait être considéré comme un moyen de culture de l'esprit. Il y a une trentaine d'années, les laboratoires de biologie n'existaient pas encore dans toutes les universités en Belgique. Dans les athénées et les écoles moyennes, on continuait à enseigner la botanique et la zoologie sans plantes ni animaux : un manuel et quelques figures mal faites suffisaient. Les partisans des humanités classiques avaient beau jeu à critiquer les humanités modernes qui, sous cette forme livresque, ne pouvaient donner que de médiocres résultats.

On a compris depuis que l'enseignement de la biologie doit être basée sur l'observation des êtres et des phénomènes et non sur l'étude des résumés des travaux faits par d'autres. On a établi dans les universités des collections et des laboratoires. Les exposés verbaux ont été remplacés par des exercices. Les élèves sont initiés à la méthode de recherche, ils acquièrent les connaissances biologiques par leur propre effort.

Il ne faut cependant pas réduire l'étude de la biologie uniquement à des expériences de laboratoire, à des dissections, à des observations microscopiques, toutes choses très utiles, tout à fait indispensables, mais insuffisantes : il faut faire observer par les élèves les plantes et les animaux dans leur milieu naturel, leur apprendre à découvrir les relations des êtres vivants avec tout ce ce qui les entoure, le sol, l'air, le climat. Les excursions biologiques sont le complément nécessaire du travail de laboratoire. M. Massart, professeur à l'Université de Bruxelles, a montré la haute portée de cette méthode en organisant des excursions biologiques dans des cours d'extension universitaire : ce sont d'excellents modèles à proposer aux professeurs des athénées, des écoles moyennes, des écoles normales, des écoles primaires et même à ceux des universités.

Dans quelques athénées et dans quelques écoles moyennes des tentatives ont été faites depuis quelques années pour donner le caractère expérimental à l'enseignement de la biologie. Ainsi MM. Daubresse et Decroupet ont installé à l'athénée d'Ixelles des aquariums qui permettent aux élèves d'observer les phénomènes de la vie d'une série de plantes et d'animaux aquatiques. A l'Exposition, dans une douzaine de bocaux, une cinquantaine de plantes et à peu près autant d'animaux étaient disposés de manière à mettre en évidence quelques phénomènes de la vie. Les élèves collaborent avec les professeurs à l'organisation de ce laboratoire. A l'école moyenne de Saint-Gilles, de Molenbeek-Saint-Jean, des aquariums du même genre sont placés dans le préau où les élèves peuvent faire des observations quotidiennes. Ce système d'enseignement, qui n'est pas onéreux et qui a une grande valeur éducative, devrait être appliqué dans toutes les écoles. L'aquarium a aussi sa place marquée dans les jardins d'enfants pour intéresser les petits élèves à la vie des animaux et des plantes : c'est ce que nous avons vu pratiquer à Anvers dans le jardin d'enfants de la rue Bervoets.

A l'Athénée de Bruxelles, M. Cornet donne un cours de zoologie par la méthode expérimentale; il emploie comme matériel des instruments de dissection, des microscopes, quelques animaux vivants faciles à se procurer. Il fait d'abord observer l'animal dans ses diverses activités; ensuite il procède à l'occision au chloroforme, à l'examen extérieur de l'animal conservé dans le formol; la dissection permet d'étudier les divers organes, d'observer leurs relations; le professeur les fait décrire par les élèves et établir les rapports entre les caractères anatomiques et les fonctions. Les types étudiés sont enfin comparés et classés. Les opérations sont faites par le professeur en présence des élèves et avec leur collaboration. La méthode donnera tous ses effets lorsque, comme pour la chimie, le laboratoire sera pratiquement établi pour à permettre à tous les élèves de faire eux-mêmes les opérations principales.

La même méthode est appliquée à l'étude de la physiologie végétale et de la botanique.

Pour l'enseignement des sciences expérimentales, physique, chimie, biologie, les professeurs dont nous venons de parler montrent la voie à suivre : établir dans chaque école des laboratoires, faire des expériences sous les yeux des élèves, leur apprendre à en faire eux-mêmes et à exposer oralement et par écrit les résultats de leurs observations personnelles; compléter ce travail fait dans l'école par des excursions à la campagne, au bord de la mer, en appliquant la méthode de M. Massart, et par la visite de musées et collections scientifiques, notamment le Musée d'histoire naturelle de Bruxelles, le jardin botanique, les collections d'histoire naturelle du Musée colonial de Tervueren.

L'important n'est pas d'apprendre beaucoup de choses aux élèves, mais de les initier à la pratique d'une bonne méthode de recherches personnelles; c'est cette pratique qui constitue la base solide des humanités scientifiques.

L'application de cette méthode, la seule efficace au point de vue de la culture intellectuelle, doit amener une transformation profonde des examens à l'athénée et à l'université. Le système actuel qui consiste à obliger les élèves de répondre oralement ou par écrit à date fixe à des séries de questions, exerce sur l'enseignement, les professeurs et les élèves une influence désastreuse : il entraîne les professeurs à enseigner tout leur programme par des exposés rapides et à faire étudier des résumés et des manuels; il oblige les élèves à faire des répétitions verbales épuisantes et stériles. Les concours ont la même influence néfaste. Cette forme d'examens et de concours fut établie à l'époque où tout l'enseignement était basé sur la mémoire verbale. Elle ne peut que nuire à l'organisation des humanités scientifiques. Le véritable examen doit se faire au cours des leçons et des travaux de laboratoire ; c'est en observant le travail des élèves que le professeur peut apprécier leurs efforts, leurs progrès, les coter à leur juste valeur et en même temps empêcher le surmenage que provoquent les préparations aux examens sous leur forme surannée et antipédagogique.

§ 20. — **Les sciences commerciales.**

L'enseignement des sciences commerciales a pris grâce à M. Huybrechts, professeur à l'athénée de Bruges, et à M. Prys, professeur à l'athénée d'Anvers, un caractère essentiellement scientifique et pratique. Le premier fait travailler les élèves deux heures par semaine dans un bureau commercial pratiquement installé, comprenant tout le mobilier et le matériel d'une grande maison de commerce modèle. L'enseignement dans ce milieu normal prend nécessairement la forme qu'il doit avoir pour être réellement efficace. L'élève qui sort de l'athénée où cet enseignement est organisé ainsi, peut entrer chez un négociant et y remplir d'emblée la fonction à laquelle il a été préparé. Ce bureau a été créé à l'athénée de Bruges le 6 octobre 1888. M. Prys présente un *Musée commercial*, des cartes, des diagrammes, des photographies, pour l'enseignement intuitif de la géographie économique de la Belgique. Ce musée renferme des collections de matières premières du pays et de l'étranger travaillées dans les usines belges, des échantillons de produits dans leurs différentes phases de fabrication, de belles séries de graphiques, de photographies, de dessins montrant les procédés de fabrication, les machines; des catalogues, des notices, des cartes, etc. Le professeur a ainsi sous la main tout ce qui est nécessaire pour rendre son enseignement intéressant et pratique.

§ 21. — Les langues.

L'enseignement des langues a subi pendant des siècles l'influence prédominante des grammairiens et des rhéteurs grecs et romains. On exerçait les élèves aux divers « styles » par l'imitation des auteurs choisis; on les dressait à rédiger des amplifications sur des lieux communs, sur les vices et les vertus, à composer laborieusement des déclamations sur des sujets imaginaires, à faire monologuer Annibal, Agamemnon ou d'autres personnages.

D'abord appliqué au latin, qui jusqu'au dix-neuvième siècle resta la langue véhiculaire des études moyennes et supérieures, cette méthode fut servilement suivie pour l'enseignement de la langue nationale. Il n'y a pas bien longtemps que la grammaire et la rhétorique latines traduites en français servaient à l'étude du français et que la composition littéraire portait uniquement sur de vieux clichés. L'élève ne pensait pas lui-même, il n'observait rien ni dans la nature ni dans la vie réelle; il devait s'efforcer de s'assimiler les formes verbales des « maitres ». Cette méthode empêchait tout développement de la personnalité, enrayait la spontanéité, tarissait toute sève et produisait des rhéteurs plus ou moins habiles à composer des phrases artificielles, à parler pour ne rien dire, à dissimuler le vide des idées sous le vernis des fleurs de rhétorique. Les élèves décrivaient des tempêtes, des levers ou des couchers de soleil, des paysages, uniquement au moyen de réminiscences d'autres; ils dissertaient sur des sujets philosophiques en ressassant les arguments des manuels étudiés. Quand on relit les compositions littéraires primées aux concours généraux des lycées, des athénées et des collèges, on comprend comment s'est formée l'éloquence ampoulée, sans originalité ni chaleur, de tant d'avocats et de politiciens qui ont rempli, surtout dans les pays latins, le prétoire, les meetings et les parlements du fatras de leurs déclamations.

On tend enfin à abandonner ce courant de verbalisme. On apprécie le paysan du Danube. La littérature moderne sortie du cadre classique où elle mourait, est devenu originale et infiniment variée comme la vie elle-même. Les écrivains observent la nature et l'humanité. L'enseignement a dû subir une transformation en correspondance avec l'évolution littéraire. Les programmes sont encore cependant fortement imprégnés de l'ancien formalisme: l'art poétique d'Horace et son décalque de Boileau, sont toujours présentés comme des législations définitives. Mais les élèves lisent les œuvres contemporaines et les professeurs en analysent quelques-unes. Le temps est passé, où les chaires d'athénée retentissaient d'anathèmes contre les romantiques et où les élèves ne pouvaient lire Hugo, Musset, Th. Gauthier, Vigny, qu'en cachette, pour échapper aux foudres de leurs professeurs!

Grâce aux travaux des philologues, la grammaire est étudiée plus scientifiquement. On abandonne l'étude systématique vaine, encombrante et stérile des figures de mots, des figures de style, des genres littéraires sur lesquels jadis on donnait de pédantesques développements.

On fait lire et analyser les auteurs anciens et modernes pour saisir leur pensée, étudier leur manière, et non pour imiter celle-ci. On cherche à appliquer la méthode scientifique au phénomène psychologique et social complexe que la littérature et l'art sont en réalité sous toutes leurs formes et chez tous les peuples.

Les professeurs modernes ne font plus faire par leurs élèves des compositions littéraires sur des thèmes factices; ils leur font rédiger des relations d'excursions, des récits d'événements dont ils ont été les témoins ou les acteurs, des développements sur des sujets étudiés et assimilés. Ils leur apprennent à penser, à imaginer par eux-mêmes, à puiser dans leur propre fonds d'idées et de sentiments, et à s'exprimer clairement, simplement, sans emphase, sans ornements empruntés; ils respectent leur originalité.

Nous avons constaté que dans les athénées et les écoles moyennes, la plupart des professseurs sont entrés dans cette voie, qui est la bonne.

Plusieurs ont montré, par de nombreux exemples, le parti à tirer de l'illustration artistique des leçons de langues. Par ce moyen, l'étude des œuvres littéraires est rendue plus claire, plus vivante, plus intéressante. L'association des lettres et des arts plastiques est du reste logique; elle place les élèves dans le milieu évoqué par l'écrivain; la littérature et les beaux-arts sont liés à l'aspect de la contrée où ils évoluent, à la race, à l'histoire du peuple; les écrivains et les artistes d'un même pays et d'une même époque se sont inspirés à des sources communes.

L'Exposition montrait des textes grecs, latins et d'auteurs modernes accompagnés de belles photographies de paysages et de monuments, les replaçant dans leur cadre naturel. Des rédactions d'élèves étaient illustrées par des cartes-postales, des dessins et des aquarelles. Quand le choix des illustrations est fait avec discernement et avec goût, et sans inutile profusion, ce procédé est excellent : il éclaire, il rend vivants les textes à étudier, excite l'attention et l'intérêt des élèves.

L'enseignement des langues modernes se donne presque partout par la méthode directe et par la lecture expliquée des auteurs. Il n'y a pas bien longtemps, on les enseignait encore comme des langues mortes; la nécessité qui s'impose de plus en plus aux jeunes gens de parler et d'écrire l'anglais et l'allemand, et, en Belgique, le français et le néerlandais, a fait abandonner cette méthode surannée qui ne donnait que de médiocres résultats.

Il est d'observation constante que les Belges parlent, en général, très mal; la persistance de l'usage des dialectes wallons et flamands en est la cause principale ; l'extirpation de l'accent local est difficile ; les vices de prononciation sont nombreux et profondément enracinés. Des professeurs ont exposé des tableaux de ces vices et préconisé pour les combattre les procédés de la phonétique et l'emploi du gramophone avec disques permettant de reproduire les sons et les articulations des langues enseignées dans les athénées, le français, le néerlandais, l'allemand, l'anglais. C'est un moyen déjà appliqué à l'étranger, et qu'il serait particulièrement utile d'introduire dans nos écoles.

Des bibliothèques pour professeurs et pour élèves étaient exposées ; elles contenaient un assez grand nombre d'ouvrages français, néerlandais, allemands, anglais. Ils avaient été achetés pour l'exposition. On avait même oublié totalement les auteurs belges, ce qui valut d'énergiques protestations de la part d'un de nos écrivains, dont les œuvres ont acquis un renom universel. On se décida alors à combler rapidement cette lacune. Le ministre des sciences et des arts n'a aucun éloge à revendiquer pour ces bibliothèques, car il n'a jamais rien fait pour en fournir aux établissements d'enseignement de l'État. Tout au plus leur envoie-t-il de temps en temps des documents encombrants, ou des ouvrages quelconques auxquels il souscrit pour encourager des écrivains obscurs qui produisent de la littérature plutôt insipide. Dans un certain nombre d'athénées et d'écoles moyennes, il existe des bibliothèques qui ont été constituées par les efforts désintéressés de quelques professeurs et les souscriptions des élèves ; dans les grandes villes libérales, des subsides permettent de les organiser plus complètement. La bibliothèque est indispensable dans les écoles. Le gouvernement, qui l'a affirmé par son exposition, va-t-il enfin intervenir par des subsides pour en organiser dans tous les établissements placés sous sa direction? Il faut des livres pour chaque classe, pour chaque branche, un catalogue tenu à jour, un service de prêts et de contrôle, un bibliothécaire appointé.

Ce que nous disons des bibliothèques s'applique à tout le matériel didactique. Le gouvernement se décharge des dépenses sur les communes qui ne peuvent pas cependant les faire toujours dans la mesure nécessaire. Si dans les grandes villes de Bruxelles, d'Ixelles, d'Anvers, de Liége, de Gand, etc., on trouve des ressources pour cet objet, beaucoup d'écoles moyennes et d'athénées de petites localités sont dépourvus du nécessaire. Dans les universités de l'État, des crédits sont alloués pour le matériel. Le gouvernement devrait intervenir pour donner à l'enseignement qu'il dirige une organisation matérielle semblable à celle qu'il a exposée.

On annonce qu'il va organiser un musée didactique spécial, comprenant les collections qui figuraient à l'exposition. Il n'a qu'à ressusciter le musée scolaire que M. P. Van Humbeek créa en 1879 et que ses successeurs ont laissé misérablement péricliter. L'utilité d'un musée pédagogique national n'est plus à démontrer : il y en a dans tous les pays civilisés.

§ 22. — L'Histoire et la Géographie.

Quelques professeurs ont fait connaitre par des documents exposés leur désir de voir donner à l'enseignement de l'histoire un caractère réellement scientifique. Ils entrent dans la voie indiquée par Herbert Spencer qui, il y a plus d'un demi-siècle, condamnait comme une perte de temps l'enseignement des biographies des souverains, le récit des batailles, des conquêtes, des traités, et proposait de remplacer ces faits sans valeur par une matière plus substantielle : « l'histoire naturelle de la société ou la sociologie descriptive » préparatoire à l'étude de la sociologie comparée dont le but est la détermination des lois fondamentales des phénomènes sociaux (1). Ainsi compris, le cours d'histoire fait connaître l'évolution de l'humanité dans le temps et l'espace caractérisée par les institutions politiques, les religions, les gouvernements, l'organisation économique, les mœurs, les coutumes, le développement scientifique, les méthodes d'éducation, les productions artistiques. Pour chaque période, on montrerait l'harmonie qui existe entre les diverses institutions et l'on rechercherait les causes qui les font varier. L'histoire ne serait plus un roman peu récréatif bourré de dates et de faits accablants pour la mémoire et sans valeur pour la culture intellectuelle et morale ; elle serait une

---

(1) H. Spencer. *De l'Education,* chapitre I. Quel est le savoir le plus utile?, p. 54 et suivantes. 1878, Paris, Germain Baillière.

synthèse de la vie sociale dans son évolution continue, avec ses reculs et ses poussées, ses réactions et ses révolutions, dont on mettrait en évidence les véritables causes.

Le programme actuel d'histoire n'a pas été rédigé d'après cette conception. Cependant des professeurs ont exposé des leçons illustrées au moyen de photographies, d'estampes, d'albums historiques, de cartes en s'inspirant de la conception sociologique de l'histoire et en l'appliquant à quelques sujets : *Civilisation de l'ancienne Egypte*, par Dony ; *Histoire de l'Art*, par Wauters ; *Les Grecs, l'imprimerie, les luttes politiques et sociales en Flandre*, par Waucomont ; *Le Bas-Empire*, par Leclère ; *Art, sciences et lettres en Belgique*, par d'Awans ; et dans la section des langues : *La vie antique expliquée par les monuments figurés*, par Sosset. Ces leçons ne constituent cependant que des applications très fragmentaires de la méthode scientifique moderne suivie par Pirenne dans sa magistrale *Histoire de la Belgique* et par Seignobos, Malet, Driault et Monod dans leurs manuels, Minguet et Ch. Pergameni dans leur *Aperçu de la vie et de la civilisation du peuple belge*, Parmentier dans l'*Album historique*, d'Awans et Lameere dans *Lectures historiques*, et par la plupart des historiens allemands qui ont doté les écoles d'excellents livres d'étude.

Le programme d'histoire des athénées et des écoles moyennes devrait être revisé, car il est surchargé de détails sans importance encombrant inutilement la mémoire et il n'est pas conçu « sociologiquement. » Les programmes des examens d'admission dans les écoles spéciales, notamment celui de l'école militaire, devraient subir la même transformation, car ils imposent aux candidats de fastidieuses répétitions de textes sans intérêt, qu'ils ont hâte d'oublier après les épreuves.

L'esprit scientifique tend aussi à pénétrer dans l'enseignement de la géographie qui est resté trop longtemps dans les athénées et les écoles moyennes une étude fatigante et stérile d'interminables séries de noms propres; les manuels que l'on suivait encore il y a à peine quelques années et dont celui de DU FIEF fut le dernier type, étaient réellement rébarbatifs et accablants. La réforme de cet enseignement s'est faite d'abord en Allemagne, puis en France. Elle n'a pas pénétré encore les programmes de l'enseignement moyen. Cependant MM. WAUTERS, WAUCOMONT, LECLÈRE, DONY, AUBERT ont présenté des leçons illustrées qui sont de bonnes applications de la méthode scientifique. Rappelons que c'est M. A. RENARD, professeur à l'Université de Gand, qui fit connaître en Belgique l'organisation de l'enseignement de la géographie en Allemagne et proposa de créer dans nos universités un doctorat spécial auquel les étudiants seraient préparés par des travaux de laboratoire et de bibliothèque; les cours donnés à Bruxelles par ELISÉE RECLUS ont aussi puissamment contribué à la rénovation de l'enseignement de cette science. La géographie est entrée dans le cadre des sciences naturelles et sociales.

Les travaux des professeurs qui ont exposé des leçons d'histoire et de géographie d'après les principes de la méthode scientifique, devraient engager le gouvernement à procéder à une refonte complète des programmes, et à fournir aux athénées et aux écoles moyennes le matériel didactique et les ouvrages nécessaires pour appliquer cette méthode. On a pu constater que pour ces deux branches la plus grande partie, presque la totalité du matériel didactique, cartes, atlas, estampes, albums illustrés, manuels, etc., venait de l'étranger, principalement de France et d'Allemagne. Il n'y avait d'exception que pour l'histoire et la géographie de Belgique. Notre littérature pédagogique est pauvre, bien que nous ayons des professeurs qui pourraient composer de bon manuels pour nos écoles et que nous ne manquions pas d'artistes capables de les illustrer magnifiquement.

La cause principale de la pénurie des travaux de l'espèce gît dans la vicieuse organisation du conseil de perfectionnement de l'enseignement moyen, qui décourage les initiatives. La liberté du choix des manuels n'existe pas dans l'enseignement moyen de l'Etat et le gouvernement tend de plus en plus, par des mesures administratives, à la supprimer dans l'enseignement communal. Les professeurs ne peuvent faire usage que des manuels adoptés, qui sont en petit nombre et dont plusieurs laissent beaucoup à désirer. Le conseil de perfectionnement n'examine pas les ouvrages en manuscrit ; il accepte ou rejette les manuels publiés qu'on lui soumet, mais ne communique pas les rapports ; tout se fait d'une manière occulte.

Un étroit esprit règne dans ce milieu ; ainsi un ouvrage, *Geschiedenis der Nederlandsche letterkunde*, par De Neef, couronné par l'Académie royale des sciences et des lettres (prix De Keyn), a été rejeté par le conseil de perfectionnement, parce que l'auteur y fait l'éloge de l'œuvre littéraire de Marnix de Sainte-Aldegonde; l'excellente *Anthologie des prosateurs,* par I. Fonsny et J. Van Dooren, très hautement appréciée par les critiques les plus compétents et les plus difficiles de France, de Belgique, des Pays-Bas, d'Allemagne, de Suisse, n'a pas été adoptée par le Conseil de perfectionnement, parce que les auteurs y ont introduit des pages de Flaubert, de De Coster, de Clémenceau et des titres d'ouvrages mis à l'index !

Dans de pareilles conditions, les professeurs hésitent à consacrer leur temps à composer des manuels et les éditeurs sont peu disposés à publier des œuvres qu'ils ne sont pas sûrs de voir adopter.

Ces procédés sont franchement mauvais. Le gouvernement devrait encourager par des concours la production de manuels pour les diverses branches; des commissions spéciales compétentes, composées de professeurs d'université, d'athénée et d'école moyenne, devraient être chargées d'apprécier les ouvrages manuscrits, leurs rapports devraient être communiqués aux auteurs; ceux-ci auraient le droit de représenter leur œuvre revisée. Le gouvernement souscrirait à un certain nombre d'exemplaires des ouvrages inscrits au catalogue. Ce système encouragerait les professeurs à composer des manuels en rapport avec les conditions dans lesquelles l'enseignement des diverses branches doit se donner pour être scientifique et efficace.

§ 23. — Education artistique.

M. Montfort, inspecteur du dessin et des travaux manuels, s'efforce depuis quelques années de réformer l'enseignement du dessin et de doter les athénées et les écoles moyennes de l'ensemble des moyens de culture esthétique préconisé par le Congrès de l'Art public tenu à Liège en 1905. Il recommande d'enseigner à dessiner d'après les objets et non d'après les copies; de faire, au moyen de modèles pris dans la flore et la faune, des applications du dessin à l'ornement et à la décoration; d'encourager le dessin d'après nature au cours des excursions; d'établir une étroite solidarité entre le dessin et les travaux manuels. Le dessin doit devenir dans l'enseignement une écriture universelle et trouver des applications dans les diverses branches d'enseignement.

Sous l'action persévérante de ces directions, les professeurs ont abandonné presque partout les vieilles méthodes stigmographiques, géométriques et abstraites qui étaient suivies sans succès depuis 1880 (1). De nombreux travaux de professeurs et d'élèves témoignaient à l'Exposition des progrès déjà réalisés. Dans les athénées cependant, le vieux programme, les vieilles méthodes mettent encore obstacle à la réforme : les tracés géométriques dominent, le dessin d'art est négligé ou enfermé dans une formule géométrique qui l'étouffe.

---

(1) Elles ont été introduites à cette époque dans les écoles par M. De Taye, alors inspecteur de l'enseignement et du dessin.

On ne sortira de l'ornière qu'en confiant le dessin géométrique au professeur de mathématiques; c'est une dépendance directe du cours de géométrie; cette forme de dessin est abstraite et scientifique; le dessin d'art est, au contraire, concret et s'adresse à la sensibilité. Confier les applications géométriques et le dessin d'art au même professeur est une erreur : s'il est artiste, il néglige ou enseigne mal les premières; s'il est géomètre, il n'attache pas d'importance au second; dans les deux cas, les élèves y perdent. C'est à des professeurs artistes qu'il faut confier le cours de dessin d'art.

Les applications du dessin à certains travaux manuels se fait spécialement dans les écoles de filles. On devrait éviter d'exagérer dans ce domaine. On tend parfois à sacrifier l'essentiel à l'accessoire. Il y avait à l'Exposition une profusion d'à peu près soi-disant esthétiques : des reliures, des poteries, des objets en métal repoussé, en bois pyrogravé, des peintures sur porcelaine, des broderies, des dentelles, d'autres objets encore dont la confection ou la décoration n'appartient pas à l'enseignement moyen; qu'on les laisse aux écoles professionnelles. On ne doit pas inspirer aux jeunes filles le goût de la parure, du faux luxe, de la décoration de fantaisie; le dessin et les travaux manuels ne doivent pas dégénérer en « arts d'agréments » pour femmes oisives et frivoles. Le beau doit rester, « la splendeur du vrai ». Quand un objet utile est bien adapté à son usage, il est beau par lui-même, et il ne peut que perdre par les ornements superflus. La culture du sentiment esthétique doit se faire par des moyens simples, naturels; il faut réagir contre « l'esthétisme à outrance », l'art pour l'art, la profusion des motifs décoratifs non justifiés. C'est un travers que l'on n'a pas su éviter partout; de trop nombreux travaux d'élèves exécutés sans méthode marquaient une véritable déviation du but à atteindre.

Pour la décoration scolaire, on avait réuni, à titre d'exemple, quelques bas-reliefs de maîtres belges : *l'Etude, les Patineurs*, de Roskam, *les Barques*, de G. Combaz, *Vers l'Avenir*, de De Rudder, *l'Aïeule*, de De Vreese, une tête d'enfant, de Derré (1), des statuettes de Van Beurden, un porte-bouquet pour école, de Roskam, une console et un aquarium artistique, de Stepman, la collection d'estampes des sites de la Belgique éditée par De Rycker et Mendel, des estampes, de Privat-Livemont, de G. Combaz, d'A. Lynen, de Cassiers, etc. Toutes ces œuvres répondent bien au but et sont d'un prix abordable pour les écoles. Il existe d'autres estampes reproduisant des tableaux de nos meilleurs peintres, mais leur prix élevé ne permet pas de les acquérir pour en décorer les classes.

La production nationale d'estampes décoratives pour les écoles commence à s'affirmer. L'Art public dans son exposition spéciale du Cinquantenaire avait sélectionné des estampes murales de divers pays : la France était représentée par les

(1) Ces trois derniers bas-reliefs étaient des dons du « charbonnier » Taymans, qui les distribue généreusement aux écoles pour y introduire un rayon d'art; cette initiative est des plus louables.

œuvres exquises de Rivière, la Suède par des planches décoratives de C. Lansson, admirables de couleur et de dessin; des estampes anglaises, allemandes, américaines, japonaises et belges complétaient la démonstration. C'est en puisant leurs inspirations dans la nature même, dans le milieu patrial, que les auteurs de ces œuvres d'art sont arrivés à produire des estampes intéressantes et vivantes. On a pu le constater partout : les enfants ne comprennent et n'aiment que l'art le plus simple, le plus vrai, l'art sans convention, inspiré par le milieu où ils vivent et qu'ils connaissent; l'art compliqué, tourmenté, romantique, les laisse froids; l'art symbolique, conventionnel, complexe, abstrait, algébrique, ne les attire pas. C'est une indication pour les artistes qui veulent explorer le domaine de la décoration scolaire.

Cependant dans les classes supérieures des écoles moyennes et des athénées, il faudrait faire connaître les œuvres des maîtres par de bonnes reproductions et par des visites dans les Musées. Ce côté de l'éducation a été trop négligé partout. Quelques professeurs ont pris l'initiative d'organiser pour leurs élèves des excursions artistiques, dont les comptes rendus illustrés figuraient à l'Exposition.

Qu'on ne se fasse pas d'illusion! Si quelques relations exposées étaient l'expression de la réalité, plus d'une était factice. Nous en connaissons qui ont été rédigées en classe pour l'Exposition au moyen de cartes postales illustrées, représentant des sites qu'aucun élève n'avait visités! On avait aussi étalé un vaste programme d'excursions artistiques et industrielles avec clichés pour projections, résumés méthodiques, mais ce n'étaient que des projets bien étudiés présentés par des professeurs fort zélés, qui ne peuvent les mettre à exécution faute de ressources, le gouvernement n'accordant aucun crédit à cet objet et se contentant de recommander très platoniquement par voie de circulaires les excursions et la décoration scolaires.

§ 24. — Les bibliothèques et le matériel didactique

Un fait récent prouve combien le gouvernement se soucie peu d'améliorer le matériel didactique des écoles de l'Etat. Le bureau administratif de l'Athénée de Bruxelles avait constaté l'insuffisance de la bibliothèque et du matériel didactique de l'Athénée, due à une organisation défectueuse et à l'indifférence de l'Etat. Il étudia une organisation comprenant : 1° une bibliothèque littéraire et scientifique à l'usage des professeurs ; 2° une bibliothèque centrale destinée à alimenter la lecture parmi les élèves des classes supérieures et à leur permettre de se documenter pour leurs travaux personnels ; 3° des bibliothèques de classe en rapport avec l'âge et le degré d'instruction des élèves de chaque année d'études ; 4° un matériel en rapport avec le programme des diverses branches et se composant de photographies, d'estampes murales, de cartes géographiques, de clichés pour projections,

Soucieux de respecter les formes administratives et de ne provoquer aucun conflit de pouvoir, le bureau proposait de confier la direction de ce service à une commission composée de délégués de professeurs et présidée par le préfet des études ; un traitement serait payé par la ville au professeur chargé des fonctions de bibliothécaire, de secrétaire et de comptable de ce service. Le bureau administratif ne se réserverait que le droit de contrôle sur l'emploi des crédits mis par la ville à la disposition de la commission.

Le gouvernement saisi de la question répondit, sans même justifier sa décision, en défendant au préfet et au personnel de donner suite à cette organisation ! Il prétend avoir seul autorité pour prendre des mesures de l'espèce ; mais il laisse les athénées et les écoles moyennes sans bibliothèques sérieusement organisées et empêche les communes bien intentionnées d'intervenir utilement.

Il s'est fait attribuer par le jury de l'exposition universelle un diplôme de grand prix pour l'organisation du compartiment de l'enseignement moyen où figuraient les bibliothèques et le matériel didactique. Cela lui suffit : il n'a rien fait avant l'exposition pour doter les écoles de l'Etat des livres et du matériel nécessaires, il n'a rien fait depuis la fermeture de l'exposition. S'il intervient quelque jour dans la formation des bibliothèques, ce sera certainement pour imposer aux écoles les livres de la bibliothèque choisie des Jésuites. Ces derniers ont, en effet, publié un catalogue qui est un chef-d'œuvre du genre : on y trouve des titres d'ouvrages qui font croire que cette bibliothèque est composée avec un réel souci d'impartialité ; mais un très grand nombre d'entre eux sont précédés d'un signe spécial : R ou RR. Il faut consulter un compendieux règlement pour savoir que ces lettres signifient que ces ouvrages sont *réservés*, et que l'Eglise n'en permet pas la lecture à ses fidèles ; s'ils existent dans une bibliothèque publique, le bibliothécaire ne peut, en conscience, les donner en lecture, si ce n'est dans certains cas, contre une décharge écrite émanant de l'emprunteur, s'il est adulte, ou du chef de famille, s'il est mineur. Cette bibliothèque choisie est en réalité un *Index* habilement dissimulé. N'est-il pas évident que si le ministre des sciences et des arts a refusé d'accepter l'organisation de bibliothèques à l'athénée de Bruxelles, c'est parce qu'il n'entend pas qu'on y introduise des ouvrages non approuvés par les Jésuites ?

M. Schollaert n'a-t-il pas dit : « Ministre de l'instruction publique, mon cœur et mon âme vont à l'enseignement libre. La presse libérale a dit que je n'avais rien à refuser aux évêques. Il m'en coûterait de leur refuser quelque chose, car c'est à eux que le pays doit sa grandeur et qu'il devra son avenir.... Ayons toujours les yeux fixés sur Rome : là est la vie, la vérité ! » Dans le passé, les évêques étaient dans le camp espagnol et ont produit la décadence du pays. Actuellement ils nous livrent aux Jésuites, qui, avec eux, travaillent à détruire la civilisation moderne.

Le ministre des sciences et des arts, qui a l'instruction publique dans ses attributions, n'est plus que le bras séculier au service de l'Eglise : il est chargé de placer le boisseau sur la lumière, de tarir les sources de toute étude vraiment libre, de saboter l'enseignement public. Son compartiment scolaire à l'exposition universelle fut un mensonge et une hypocrisie ; il était destiné à tromper le monde civilisé sur ses intentions et sur sa politique de destruction et de perversion de l'enseignement public.

§ 25. — Cléricalisation de l'enseignement moyen.

Nous avons reçu des lettres de professeurs d'athénées et d'écoles moyennes qui disent en substance :

« L'Exposition de l'enseignement moyen de l'Etat n'a pas été la représentation fidèle de la réalité. Les travaux des quelques professeurs d'élite, qui se trouvent dans des conditions exceptionnellement favorables, lui ont donné un aspect intéressant; mais qu'on ne se fasse pas d'illusion : ces professeurs ont montré ce que devrait être l'enseignement, non ce qu'il est. Dans la majorité des écoles, le verbalisme règne encore souverainement : 1° parce que la plupart des professeurs d'athénée, des régents et des régentes ne sont pas préparés aux méthodes modernes; le cours de pédagogie des universités est un simple exposé de doctrines, une lecture de textes, sans exercices méthodologiques d'application; le stage des jeunes professeurs n'est pas organisé; ils ne sont nullement initiés à la profession; 2° parce que dans un grand nombre d'écoles le matériel didactique est insuffisant ou manque totalement pour l'enseignement expérimental. Le gouvernement ne fait rien pour améliorer la situation à ce double point de vue ; il laisse systématiquement péricliter les athénées et les écoles moyennes. »

Un autre nous écrit : « Les fonctionnaires du département des sciences et des arts et les inspecteurs sont presque tous des créatures de l'épiscopat, des Jésuites ou des Frères de la Doctrine chrétienne ; ils n'ont de sympathie que pour l'enseignement dit « libre » ; l'ennemi de l'enseignement public a été installé dans la place. Faut-il s'étonner dès lors de l'affaiblissement des écoles de l'Etat? Les athénées d'Ypres, de Bouillon, de Virton, de Dinant, le collège royal de Thuin ont été supprimés (1), et si les communes n'étaient pas intervenues, ces écoles auraient disparu, comme c'est le cas pour Ypres. Les écoles moyennes de l'Etat de Grammont, d'Enghien, de Brée (2), d'Ellezelles (3), la section d'athénée d'Alost (4), les classes latines de Lierre (5), la section préparatoire de Ninove (6), les écoles moyennes de Selzaete et d'Audenaerde (7), les écoles moyennes de filles de Binche (8), de Couvin (9), l'école moyenne de garçons de Léau (10) ont subi le

(1) Arrêté royal du 21 septembre 1884.
(2) Arrêté royal du 30 septembre 1884.
(3) Arrêté royal du 28 août 1886.
(4) Arrêté royal du 17 septembre 1885.
(5) Arrêté ministériel du 18 septembre 1884.
(6) Arrêté ministériel du 30 septembre 1885.
(7) Arrêté royal du 18 septembre 1888.
(8) Arrêté royal du 9 septembre 1889.
(9) Arrêté royal du 5 septembre 1890.
(10) Arrêté royal du 12 septembre 1895.

même sort, au profit des pensionnats tenus par des prêtres, des religieux et des religieuses.

« Les raisons invoquées pour justifier ces suppressions sont : le petit nombre d'élèves, les dépenses considérables, les sollicitations des administrations communales. Au préalable, tout avait été mis en œuvre par les agents cléricaux pour faire déserter les écoles publiques, afin de pouvoir donner une apparence de justification à leur suppression. Les parents sont ainsi forcés de placer leurs enfants dans les écoles des congrégations ou de l'épiscopat. Lorsque des administrations communales libérales sollicitent la création d'une école moyenne de l'Etat, le gouvernement fait la sourde oreille. Vilvorde et Braine-le-Comte ont dû fonder elles-mêmes des écoles moyennes de filles, le gouvernement ayant repoussé leur demande. On a même refusé, pendant des années, à Ninove, d'annexer une section préparatoire à son école moyenne de l'Etat : on espérait que celle-ci tomberait, son recrutement, sans section préparatoire, n'étant pas assuré. Les grandes villes seules peuvent résister. »

Les nominations de professeurs sont, depuis 1884, essentiellement cléricales. L'Etat a deux écoles normales moyennes pour préparer des régents, à Gand et à Nivelles ; bien qu'il ait cléricalisé leur personnel, le gouvernement donne toujours la préférence aux régents formés par les Frères de la doctrine chrétienne de Malonne, auxquels il a concédé le privilège d'un jury d'Etat qui délivre à leurs élèves des diplômes officiels. Pour les filles, la situation est encore plus mauvaise : il est difficile, sinon impossible, aux régentes sorties des écoles normales moyennes de l'Etat de Bruxelles et de Liége, d'obtenir une nomination dans une école moyenne de l'Etat; le gouvernement ne nomme dans ses écoles que des régentes sorties des écoles normales congréganistes de Thielt, d'Eecloo, de Wavre-Notre-Dame, de Jupille, de Nivelles, de Louvain, de Champion, de Tournai, de Landen. Ainsi les frères de la doctrine chrétienne et les religieuses monopolisent la formation éducative, non seulement des élèves de leurs écoles, mais encore de ceux des écoles de l'Etat!

Même situation dans les athénées royaux : le gouvernement ne nomme professeurs, depuis un quart de siècle, que des docteurs de l'université de Louvain, à moins qu'il n'y ait pénurie de candidats venant de celle-ci ou qu'un candidat formé à Gand ou à Liége ne soit fortement recommandé par l'épiscopat, les Jésuites, les députés ou les sénateurs influents de droite. Le gouvernement ne s'enquiert pas des aptitudes professionnelles des candidats; il suffit qu'ils soient des agents du parti catholique; on les installe dans les athénées pour donner à l'enseignement moyen public un caractère sectaire contraire à l'esprit de la loi. Le mode de nomination est tellement scandaleux que M. G. Kurth lui-même le condamne en ces termes: « Nulle part des mesures de préservation et de sélection ne s'imposent d'une manière plus impérieuse qu'en ce qui concerne le personnel de l'enseignement moyen de l'Etat... Nos quatre universités produisent en abondance des docteurs en philosophie et lettres, des docteurs en sciences, et tout le monde sait que la production excède de beaucoup les besoins. Ne serait-il pas juste que, parmi les meilleurs candidats qui sollicitent un emploi, l'Etat pût prendre les meilleurs, et n'y a-t-il pas lieu de gémir qu'il soit réduit à prendre les plus protégés?... La routine seule ou une détestable conception des pouvoirs publics peut prendre la défense d'un pareil état de choses (1) ». Les gémissements de M. Kurth n'ont servi à rien. Le niveau des études a forcément baissé dans de pareilles conditions. Les professeurs des universités sont bien placés pour le savoir : ils constatent chaque année que la plupart des jeunes gens qui abordent les études supérieures, sont insuffisamment préparés.

Le conseil de perfectionnement est composé de onze membres, dont neuf cléricaux. Il ne contient pas un seul membre du corps enseignant des athénées et des écoles moyennes. Sa compétence en matière d'enseignement moyen est donc discutable. Doit-on s'étonner, dès lors, qu'il n'ait pris aucune mesure sérieuse pour réorganiser les études moyennes dans le sens indiqué par les professeurs qui ont exposé des documents, leçons, travaux d'élèves, matériel didactique, inspirés par les principes de la pédagogie scientifiquement comprise et qu'il ne tienne aucun compte des vœux émis par la Fédération des professeurs de l'enseignement moyen? L'un des membres de ce conseil de perfectionnement, M. Mansion, se déclarait hostile au congrès catholique de Malines à l'enseignement des sciences naturelles dans les collèges : d'après lui, le latin et les mathématiques

(1) *Revue de l'Instruction publique*, 1898, 1er liv., p. 1.

doivent suffire à la préparation à l'université — comme au XVIe siècle!

Le vœu de M. le Dr Lebrun, favorable à l'enseignement des sciences naturelles, fut repoussé. L'Eglise n'aime pas la culture de l'esprit par les sciences; elle applique la méthode dogmatique exclusivement.

Le gouvernement catholique, obéissant à ses ordres, trahit l'Etat dans l'une de ses fonctions essentielles, l'instruction publique, qu'il réduit, énerve, abaisse, pervertit et sabote systématiquement, au profit des écoles de l'épiscopat et des congrégations; il accomplit ainsi une œuvre de réaction contre la civilisation moderne.

Il n'a pas eu le courage de montrer au monde civilisé l'enseignement de l'épiscopat et des congrégations qui a cependant toutes ses sympathies: il aurait dû exposer ses programmes, ses méthodes, ses manuels, ses bibliothèques, son matériel didactique, à côté de ceux de l'enseignement public, pour permettre de les comparer. Il eût été intéressant notamment de voir par des leçons préparées par les professeurs et par des devoirs d'élèves, comment les Jésuites, les Frères de la doctrine chrétienne et les religieuses enseignent le catéchisme, l'histoire sainte, l'histoire de l'Eglise, l'histoire universelle et l'histoire nationale, le droit constitutionnel et même les sciences, en leur donnant le caractère confessionnel. C'eût été édifiant, car nous aurions eu ainsi sous les yeux de beaux exemples de déformation et d'interprétation casuistique des faits. Nous aurions pu constater aussi comment on enseigne dans ces écoles le respect de nos institutions nationales, alors que le pape infaillible a condamné toutes les libertés inscrites dans notre Constitution. Pourquoi le gouvernement catholique nous a-t-il privé de ces documents suggestifs? Pourquoi lui, qui se déclare l'adversaire de l'enseignement laïque et neutre, ne nous a-t-il présenté qu'une exposition scolaire laïque et neutre?

Nulle part on n'y trouvait ni un catéchisme diocésain, ni une histoire sainte, ni une leçon de religion et de morale à titre de modèle, ni un crucifix, ni un Sacré-Cœur de Marie, ni aucun des nombreux objets intuitifs pour l'enseignement religieux qui décorent les écoles catholiques!

« Vous êtes en régime catholique depuis un quart de siècle, nous disait un député français et l'exposition scolaire du gouvernement belge est absolument laïque, comme celui de la République Française, tant conspué par votre presse cléricale. Qui espère-t-il tromper? »

La manœuvre était vraiment trop grossière. Le gouvernement espérait qu'en se faisant attribuer des diplômes par des jurys complaisants, il pourrait affirmer *urbi et orbi* que sa politique scolaire a reçu l'approbation générale. Voici une histoire dont nous garantissons l'exactitude et qui établit la signification et la valeur de pareilles démonstrations.

M. De Trooz, ministre de l'intérieur et de l'instruction publique, délégua il y a quelques années, à une exposition à l'étranger, un haut fonctionnaire avec mission expresse d'obtenir les plus hautes distinctions pour les compartiments belges. « Ne ménagez rien pour qu'elles nous soient accordées le plus tôt possible, car j'en ai besoin pour répondre victorieusement aux attaques de la gauche lors de la discussion du budget de l'instruction publique. » Le fonctionnaire avait carte blanche; il fit largement et rapidement les choses promettant force décorations aux membres du jury; aussi le gouvernement reçut-il les distinctions sur lesquelles il comptait. C'est à cela que les expositions universelles doivent servir : elles sont une des formes les plus éclatantes du mensonge conventionnel. Celle de Bruxelles fut, à ce titre, un modèle du genre.

III

LES ÉCOLES COMMUNALES DE BRUXELLES

§ 1. — Une exposition documentaire.

Les grandes communes belges luttent depuis vingt-cinq ans pour maintenir et développer leur enseignement public, menacé sans cesse par le gouvernement clérical qui met tout en œuvre pour énerver leur action civilisatrice. Jusqu'à l'heure actuelle, elles ont pu résister victorieusement; elles ont fait les plus grands sacrifices pour organiser un enseignement à la hauteur des progrès modernes, et, sur ce terrain, elles ont sauvé l'honneur de notre pays, compromis par la néfaste politique scolaire du parti catholique.

Tandis que le compartiment du ministère des sciences et des arts était un honteux truquage destiné à tromper le public, les expositions des grandes cités belges, Bruxelles, Anvers, Liège, présentaient une documentation strictement véridique, destinée à montrer les institutions scolaires sous leur aspect réel.

Bruxelles avait édifié, pour exposer ses services

publics un palais dû à M. J. Van Neck, qui s'était inspiré de l'architecture des édifices reconstruits à la fin du XVIIe siècle, après le bombardement de Villeroy, en 1695, et particulièrement de la Maison des Boulangers, Grand' Place, et de celle des Quatre Couronnés, rue de Flandre, dues au maître architecte-sculpteur, Jan Cosyns.

Le vaste ensemble d'écoles communales, moyennes, normales, spéciales, techniques, que la ville dirige et dont elle a le droit d'être fière, n'avait pu être représenté complètement dans l'espace trop restreint réservé à l'enseignement dans ce magnifique palais. On n'y avait exposé que des documents graphiques relatifs aux jardins d'enfants, aux écoles primaires, aux écoles normales, ainsi que des types de matériel scolaire et de fournitures classiques. Ils suffisaient pour faire saisir le caractère de l'enseignement bruxellois et suggérer le désir de visiter les écoles elles-mêmes, toujours ouvertes, pendant les heures de classe, à ceux qui veulent étudier l'œuvre remarquable d'éducation populaire que Bruxelles a réalisée principalement au cours des trente dernières années.

Il faudrait un livre pour décrire l'évolution de l'enseignement à Bruxelles et montrer comment la ville a solutionné les divers problèmes de l'éducation publique. Nous devons nous borner à en signaler les caractéristiques principales ; pour le détail, nous renvoyons le lecteur à diverses sources de renseignements, notamment aux règlements et aux programmes des écoles, ainsi qu'aux douze monographies et notices publiées à l'occasion de cette exposition (1). Le programme des écoles primaires est un volume de 196 pages, édité par l'Office de publicité; il contient un résumé de la méthodologie des diverses branches.

§ 2. — Les locaux scolaires.

Au cours de l'année 1910, les délégués du Conseil municipal de Paris vinrent étudier les services communaux de la ville de Bruxelles. Ils visitèrent l'école communale n° 19, rue Véronèse, récemment inaugurée, et ils exprimèrent leur admiration pour le splendide local où ils étaient reçus par le conseil communal, le personnel enseignant et les élèves. « Nous ne possédons pas, à Paris, d'école comparable à celle-ci, disaient-ils; c'est à Bruxelles que nous devons chercher les exemples d'adaptation de l'architecture aux besoins de l'enseignement moderne. » Bruxelles possède, en effet, des locaux scolaires magni-

---

(1) Monographies et notices :
Les Jardins d'enfants de Bruxelles, par M. E. Destrée-Vandermolen. — 2. L'Enseignement normal à Bruxelles, par H. Rymers. — 3. L'Enseignement du dessin, par D. De Kelper. — 4. L'Enseignement par l'aspect, par L. Nevrinck. — 5. La gymnastique pédagogique et les jeux gymnastiques, par H. De Genst. — 6. La natation et les bains-douches, par H. De Genst. — 7. L'éducation esthétique, par O. Sauer. — 8. Les écoles du 4e degré, par A. Nyns. — 9. Les travaux manuels, par A. Nyns. — 10. L'enseignement spécial, par E. Jonckheere. — 11. Les cours d'orthophonie, par A. Herlin. — 12. Les sociétés scolaires de retraite, par H. Van den Dries.

fiques, parmi lesquels il faut citer les écoles n° 3, Nouveau-Marché-aux-Grains, n° 4, rue des Six-Jetons, n° 7, rue Haute, n° 10, rue de Rollebeek, n° 13, place Anneessens, n° 18, rue de Schaerbeek, n° 19, rue Véronèse; les écoles moyennes, rue de Gravelines, rue Clovis, rue de Louvain; les écoles normales, boulevard du Hainaut et rue des Capucins.

L'architecture scolaire date de 1875, année de la fondation de l'Ecole modèle. Avant cette époque, on donnait l'enseignement dans des locaux quelconques sommairement appropriés. On construisait parfois quelque monument à façade prétentieuse, derrière laquelle les divers services étaient mal installés : l'école n° 12, rue du Canal, est le dernier bâtiment de l'espèce, le type réussi de l'ignorance des conditions hygiéniques et pédagogiques combinée avec le mauvais goût architectural. Les académies des beaux-arts ne renseignaient pas les futurs architectes sur les conditions auxquelles doivent répondre les constructions scolaires. Dans les bureaux des travaux publics de l'Etat et des communes, les plans d'écoles étaient livrés à l'examen de fonctionnaires tout aussi incompétents que ceux qui les avaient élaborés; on ne consultait jamais les instituteurs qui, du reste, n'auraient pu fournir aucun renseignement, car à l'école normale on ne leur donnait pas de cours d'hygiène scolaire.

C'est à MM. Buls et E. Hendrickx que l'on doit la création de l'architecture scolaire dans notre pays. M. Buls avait étudié la question au cours de voyages pédagogiques à l'étranger, notamment en Allemagne; avec M. E. Hendrickx, un brillant élève de VIOLLET-LE-DUC, il élabora les plans de l'Ecole modèle, qui fut érigée boulevard du Hainaut et inaugurée le 17 octobre 1875. Pour la première fois, les conditions hygiéniques, pédagogiques et esthétiques d'une construction scolaire avaient été étudiées, discutées et observées. L'exemple fut imité depuis et on perfectionna naturellement le modèle.

M. BULS, devenu échevin de l'instruction publique en 1879, dressa le programme de construction des locaux d'écoles (1). C'est un guide sommaire, mais précis, pour les architectes et pour le conseil communal. L'influence de cette mesure s'est étendue au loin. Les architectes, chargés des plans des nombreuses écoles des faubourgs de Bruxelles et d'autres localités, s'en sont inspirés, là où les administrations publiques font appel au concours éclairé des hygiénistes et des pédagogues. On n'édifie plus d'écoles comme jadis — si ce n'est exceptionnellement — au mépris des conditions les plus évidentes des nécessités éducatives. On ne sacrifie plus à la fausse décoration extérieure au moyen d'éléments hétérogènes et non justifiés, produits malencontreux d'un enseignement académique composé de réminiscences classiques, flamandes ou autres, mal comprises et mal adaptées.

Au début de cette transformation, des critiques protestèrent contre « les palais scolaires » que l'on édifiait. On a compris depuis que l'école du peuple doit être installée dans les meilleures conditions hygiéniques, pédagogiques et esthétiques.

(1) Bulletin communal, 1879, 1er semestre, p. 304.

Dans tous les pays civilisés, les constructions scolaires se sont perfectionnées. Si le moyen-âge fut la période des cathédrales merveilleuses, des hôtels de villes splendides et des halles grandioses, si la renaissance vit s'élever des palais somptueux, la fin du XIXe siècle et le début du XXe manifestent, par le soin apporté aux constructions scolaires, le patriotique souci des pouvoirs publics de doter la nation d'un vaste système d'éducation et d'instruction destiné à faire progresser l'humanité dans la voie de la civilisation fondée sur la science. Cette caractéristique est propre à l'époque contemporaine, car auparavant les écoles, même les universités, étaient établies dans des locaux qui laissaient fort à désirer sous tous les rapports.

L'architecture scolaire se complique du reste par suite des conceptions pédagogiques nouvelles. Les écoles ne sont plus, comme il y a quelques années, de simples juxtapositions de classes ou d'auditoires; elles exigent, en plus des cours de récréation, des jardins, des salles de gymnastique, des douches, des ateliers, des musées, des laboratoires et bien d'autres installations. L'architecture scolaire devrait devenir une branche spéciale d'études dans les académies des beaux-arts. Pour éviter les errements, le musée pédagogique national devrait affecter à ce service important une section dans laquelle on réunirait une documentation tenue à jour, comprenant des maquettes, des plans d'écoles, des devis, bref tous les renseignements nécessaires pour guider les administrations publiques, les architectes, les constructeurs.

On éviterait ainsi bien des erreurs qui se commettent trop souvent encore en cette matière.

§ 3. — L'éducation esthétique. — La décoration scolaire.

Bruxelles a donné une large extension dans ses écoles à l'éducation esthétique jadis complètement négligée. Son programme d'enseignement primaire développe les divers moyens appliqués pour éveiller et développer le sentiment du beau par l'action du milieu et par la pratique des exercices de dessin, de chant, de lecture, de récitation, de gymnastique, organisés de manière à faire naître l'émotion esthétique et à corriger chez les élèves le mauvais goût naturel ou acquis.

On a cherché à Bruxelles à entourer les enfants d'une ambiance de beauté, exerçant sur leur mentalité une influence indirecte mais continue. L'architecture des nouveaux locaux scolaires agit dans ce sens. On a complété l'action par la décoration florale et par diverses œuvres artistiques exposées en permanence ou temporairement. On est agréablement impressionné, en pénétrant dans certaines écoles primaires bruxelloises, par la belle ordonnance des lignes architecturales des préaux, la polychromie des matériaux de construction harmonieusement combinée avec celle des fleurs et des frises décoratives et des chromolithographies, appendues aux murs des préaux, des vestibules et des classes. On n'enseigne plus, comme il y a trente ou quarante ans, dans des classes sombres, aux murs nus blanchis à la chaux. Les classes ornées sobrement et avec goût sont des milieux gais où les enfants aiment à se trouver. A Bruxelles, on débuta par la décoration au moyen de chromolithographies publiées à l'étranger : des estampes françaises de Henri Rivière, anglaises de Heywood Summer, allemandes de l'Union des artistes de Karlsruhe. Ces œuvres ne répondent pas suffisamment au but; elles n'intéressent pas les enfants. M. L. Lepage, échevin de l'instruction publique, pensa qu'il fallait plutôt recourir à des artistes belges pour obtenir des estampes décoratives représentant les sites les plus caractéristiques du pays. Il constitua une commission d'esthètes et de pédagogues pour étudier la question. Elle fit choix de vingt-et-un sites que la maison De Rycker et Mendel (Forest) accepta d'exécuter en chromolithographies de grande dimension, et à un prix peu élevé, de manière à permettre à toutes les écoles de les acquérir. La série comprendra les sites suivants, dont les douze premiers ont déjà paru :

Cassiers : *Un village des Flandres, la plage, la rade d'Anvers, un village ardennais*; Van Acker : *le vieux Bruges, la Grand' Place de Furnes*; H. Meunier : *la Fagne en hiver, Thuin*; F. Toussaint : *la vallée de la Meuse, Bruxelles, la Campine*; A. Lynen : *paysage brabançon*. Les autres planches représenteront : *Une vue des Polders, le Bas-Escaut, les collines du sud de la Flandre, une vallée ardennaise* (l'Ourthe), *la Gileppe, Liége, Gand, les régions industrielles.*

L'ensemble de cette collection donnera une idée très nette des principaux aspects de notre pays. Ces estampes ont un bel aspect décoratif.

Elles sont utilisées aussi pour illustrer les leçons de géographie. L'initiative prise par la ville de Bruxelles et réalisée par MM. De Rycker et Mendel, mérite d'être encouragée par toutes les communes qui ont le souci de doter leurs écoles d'un moyen peu coûteux de décoration artistique bien adapté au milieu (1).

§ 4. — L'Education physique.

A. *L'hygiène scolaire.*

Pour l'organisation de l'éducation physique, la ville de Bruxelles peut être citée à titre d'exemple et soutenir la comparaison avec les grandes villes de l'Allemagne, du Danemark, de la Suède, de l'Angleterre, des Etats-Unis et d'autres pays où l'éducation physique des élèves des écoles publiques est l'objet des soins les plus intelligents.

Comme dans toutes les grandes villes actuelles, la population scolaire comprend une forte proportion d'enfants dont l'état de santé laisse beaucoup à désirer : ce sont ceux que la misère déprime, qui habitent des maisons malsaines dans des quartiers où l'hygiène n'est pas observée; ils sont mal et insuffisamment nourris et vêtus; beaucoup souffrent de tares héréditaires dues à l'alcoolisme, au surmenage, aux maladies de misère de leurs parents. Dans ces conditions lamentables, l'enseignement ne pourrait avoir prise sur ces

(1) Les planches ont 1 m. × 0,60 ; la collection complète coûte 84 fr.

enfants, si on ne leur appliquait pas un ensemble de mesures pour relever le taux de leur énergie physiologique et pour atténuer les tares dont ils sont atteints ou pour en enrayer le développement.

Antérieurement à 1874, l'hygiène scolaire n'était pas organisée, ni à Bruxelles ni ailleurs en Belgique. Les médecins des pauvres étaient délégués par l'administration communale et le bureau de bienfaisance pour faire quelques rares visites rapides et superficielles dans les écoles publiques. Cela se bornait à une courte conversation avec l'instituteur, suivie de l'inscription sur un registre *ad hoc* de cette formule consacrée : *rien à signaler*. Parfois l'instituteur appelait l'attention du médecin sur quelques élèves débiles ou ayant l'air d'être malades ; le praticien se bornait à exclure de l'école ceux qui étaient atteints de maladies parasitaires ou à recommander un régime alimentaire impossible à suivre. En cas d'épidémie dans le quartier, on fermait l'école. En temps ordinaire, les enfants étaient entassés dans des locaux mal aérés, mal éclairés, mal chauffés l'hiver, assis sur des bancs sans dossier, devant des pupitres non proportionnés à leur taille ; les récréations et la gymnastique étaient inconnues. Nous avons vécu comme élève, puis comme instituteur, dans ces conditions antihygiéniques, avant 1875.

En 1874, le bourgmestre ANSPACH prit une énergique initiative en fondant un bureau d'hygiène, à la tête duquel il plaça le Dr E. JANSSENS, qui organisa le service et le dirigea jusqu'à sa mort. C'était un savant qui se dévoua à sa mission.

Il a rendu d'éminents services au pays ; il est le créateur, en Belgique, de l'hygiène publique et particulièrement de l'hygiène scolaire. Il prit pour collaborateurs quelques médecins auxquels il enseigna l'hygiène publique et l'hygiène scolaire, domaine très vaste et très important où nos médecins avaient à cette époque tout à apprendre, car l'université ne leur avait pas fourni sur cette matière des données spéciales approfondies.

L'œuvre de l'hygiène scolaire s'est lentement élaborée sous l'impulsion du Dr JANSSENS. Tout était à créer et tout fut réalisé par étapes suivant un programme qu'il avait formulé et qui considérait l'école sous quatre aspects différents : le *milieu*, c'est-à-dire le local et le mobilier, construction et usage; l'*enfant* à l'état de santé et à l'état de maladie.

Ce service a été réorganisé en 1906 : on l'a rattaché au bureau de l'instruction publique; il est confié à sept médecins qui font deux visites par mois dans les écoles primaires, les jardins d'enfants et les crèches et une visite mensuelle dans les écoles moyennes et dans les écoles professionnelles (1).

Les locaux anciens ont été améliorés ou démolis et remplacés; les nouveaux locaux ne sont construits qu'après examen et approbation des plans par le bureau d'hygiène. De même pour le mobilier : des bancs-pupitres avec dossier, isolés et proportionnés à la taille ont remplacé l'ancien matériel défectueux. Des mesures nombreuses ont été arrêtées pour assurer la ventilation, le chauffage et l'éclairage naturel et artificiel des locaux

(1) Décision du Conseil communal. — Voir brochure : « Organisation de l'inspection médicale dans les écoles communales ». 1906.

dans les meilleures conditions hygiéniques. Partout on a établi des installations sanitaires perfectionnées.

Le nombre d'élèves par classe a été réduit considérablement : il y a trente ou quarante ans, il s'élevait de soixante à cent enfants, et parfois plus, par instituteur; actuellement, il n'est plus que de trente à quarante à Bruxelles; c'est un chiffre encore élevé, mais inférieur à la moyenne en Belgique et à l'étranger.

Les classes du matin et de l'après-midi sont coupées par des récréations en plein air ou, en cas de mauvais temps, dans le préau couvert. L'idéal serait de faire suivre chaque leçon de trois quarts d'heure, d'une récréation d'un quart d'heure, pendant laquelle les enfants pourraient jouer librement.

Un docteur en médecine est attaché à chaque école qu'il doit visiter régulièrement au point de vue de l'hygiène des locaux et de celle des élèves. Il soumet ceux-ci périodiquement à un examen approfondi dont les résultats sont inscrits sur la carte sanitaire individuelle qui suit l'élève dans toutes les classes depuis son entrée à l'école jusqu'à sa sortie. Cette carte donne les renseignements suivants : nom, prénom, lieu et date de naissance, domicile, taille et poids, maladies (nature, durée), état des yeux, des oreilles, de la bouche, des dents, du cœur, des poumons, du système nerveux, de la peau, du cuir chevelu, observations spéciales. Le médecin mentionne sur cette carte si l'élève doit être soumis à la médication préventive, s'il peut suivre les cours de gymnastique, de natation, recevoir la douche hebdomadaire, s'il doit être envoyé en colonie scolaire.

Sur la carte sanitaire figure un quadrillé ; la courbe-croissance moyenne des enfants d'après QUETELET, y est inscrite ; l'instituteur y marque les données des mensurations périodiques et trace la courbe individuelle; la comparaison avec la courbe moyenne se fait ainsi facilement ; s'il constate que la croissance d'un élève présente un caractère anormal, il signale le cas au médecin qui examine l'enfant et, le cas échéant, indique le traitement à appliquer (1).

Cette carte sanitaire devrait être complétée. Le Dr JANSSENS proposait avec raison d'y ajouter : *a*) pour l'*examen somatologique* : la circonférence et les diamètres antéro-postérieur et latéral de la tête et de la cage thoracique ; la capacité pulmonaire, la force de traction ; la couleur des cheveux et des yeux; *b)* pour l'*examen médical* : les lésions ou infirmités de naissance ou accidentelles, les opérations dentaires et le résultat des revaccinations pratiquées à l'école (avec ou sans succès, nombre de pustules); les résultats de la médication préventive et d'autres observations utiles à faire pour renseigner aussi complètement que possible sur le développement physique de chaque enfant.

La ville de Bruxelles a été la première, en Europe, à organiser *officiellement* dans ses écoles l'enquête anthropométrique ; le docteur JANSSENS en avait exposé les motifs et les moyens au congrès d'Amsterdam en 1870. Il proposait de

(1) Il s'agit de la croissance de la taille et du poids.

remettre à l'enfant, à la sortie de l'école, le duplicata de sa carte sanitaire « où il retrouvera plus tard, disait-il, les traces matérielles des soins reçus à l'école et de la sollicitude dont l'administration a fait preuve à son égard. Ce sera pour lui un souvenir précieux d'une période de sa vie scolaire, sans compter qu'il pourra utilement consulter ce mémorandum et le communiquer à son médecin, lorsque, devenu citoyen et père (ou mère) de famille, il aura à son tour charge de corps et d'âmes. » (1).

Cette proposition devrait être reprise et appliquée. *Connais-toi toi-même*, disait le philosophe Socrate ; pour se bien connaître, il faut tout d'abord que chacun possède sa fiche sanitaire scientifiquement établie depuis la naissance et tenue à jour pendant toute la vie. Cette fiche serait un guide précieux pour le médecin en cas de maladie.

L'école est un milieu particulièrement favorable à la propagation des maladies infantiles, principalement de la variole, de la scarlatine, de la rougeole, de la coqueluche, de la diphtérie, de la tuberculose, etc. Aussi l'inspection médicale doit-elle y être très active et les mesures de défense très énergiques. Les membres du personnel enseignant à Bruxelles reçoivent à cet égard des instructions spéciales ; une brochure les renseigne sur les symptômes de ces maladies et

---

(2) Dr E. Janssens. *Rapport sur le service médical. Congrès international de l'Enseignement. Bruxelles 1880*, Rapports préliminaires, 6e section, hygiène scolaire, pp. 135-165. Bruxelles, Office de Publicité 1880.

dès qu'ils constatent un cas douteux, ils doivent le signaler au médecin de l'école.

Aucun élève n'est admis à l'école s'il n'a été vacciné, à moins qu'il n'ait eu la variole. Un service de revaccination périodique est établi par le bureau d'hygiène (1).

L'enfant malade est envoyé en traitement chez lui ; les parents décident s'il doit aller à l'hôpital. La réadmission à l'école n'est autorisée que sur présentation d'un certificat médical constatant sa guérison complète. La classe où des cas de maladies contagieuses ont été signalés est immédiatement désinfectée par le bureau d'hygiène au moyen d'un appareil spécial à dégagement d'aldéhyde formique gazeuse. Le bureau d'hygiène envoie immédiatement un médecin au domicile de l'enfant atteint d'une maladie de l'espèce pour prendre toutes les mesures nécessaires afin qu'il ne devienne pas éventuellement un foyer de contagion. Le cas échéant, il est procédé d'office aux mesures de destruction du miasme.

Le service médical scolaire et le service d'hygiène publique se complètent ainsi l'un l'autre ; cette organisation a rendu d'immenses services à la santé publique.

En 1908-1909, les chefs d'écoles ont signalé 281 cas de maladies transmissibles : varicelle (26), rougeole (146), scarlatine (62), croup et diphtérie (1), coqueluche (36), oreillons (11).

La médication préventive pour les maladies chroniques ou diathésiques non contagieuses est

(1) En 1908-09, 1,323 élèves ont été revaccinés par le bureau d'hygiène.

l'œuvre du Dr Janssens, qui disait : « Si l'on considère, à juste titre, l'école comme un agent de moralisation qui doit contribuer à dépeupler les prisons et les bagnes, nous pouvons également l'envisager comme destinée à alléger le budget des hôpitaux et des hospices. Il est certain que, chez lui, l'enfant de l'ouvrier, atteint d'une maladie chronique qui ne le retient pas au lit, ne sera que bien rarement l'objet des soins hygiéniques qui lui sont cependant indispensables, tandis qu'en classe, sous les yeux d'hommes compétents et dévoués, il peut être soumis à une surveillance incessante et à des soins assidus dont la guérison sera, bien souvent, le couronnement assuré. Soigner les enfants à l'école, pour qu'ils ne se transforment pas en non-valeurs dans l'atelier social, ni dans les rangs des défenseurs de la patrie, pour qu'ils ne contribuent pas à obérer le budget, déjà si lourd, de la charité officielle, tel est le but assigné aux efforts des hommes dévoués qui feront le sacrifice de leur temps et d'occupations plus rémunératrices, pour assurer à la jeune génération scolaire de nouveaux éléments de santé, c'est-à-dire de richesse et de prospérité sociale. *Health is wealth*, comme l'a dit Franklin » (1).

Pour prévenir les maladies constitutionnelles, on distribue, dans les écoles primaires et les jardins d'enfants de la ville, une émulsion (2) recon-

(1) Dr E. Janssens. Rapport cité p. 143.

(2) L'émulsion est composée de : hypophosphites de chaux (50), de soude (50), sucre (1000), eau de chaux (3500), huile de foie de morue (2000), gomme adragante (50), essences de cannelle (5), de menthe (5), d'anis (5), vanille (1).

nue comme un bon agent réparateur contribuant à la nutrition de la cellule; son utilité se révèle dans les cas de lymphatisme, de cachexie, d'anémie, de chlorose, de scrofule, de tuberculose, de rachitisme. Le médecin désigne les élèves qui doivent recevoir ce médicament, dont la distribution se fait pendant les récréations du matin et de l'après-midi, par le concierge, sous la direction d'un instituteur. En été, elle est remplacée par la *poudre zoothropique de Polli*, mélange de tous les sels de l'organisme (1). La médication préventive donne un grand nombre de guérisons (10 p. c.) et d'améliorations (70 p. c.) (2).

Les médecins examinent les élèves au point de vue de l'obstruction nasale par végétations adénoïdes, affection qui nuit considérablement à la santé et empêche l'attention de se fixer pendant les leçons. Ils décident si l'opération est nécessaire; les parents sont prévenus; il y en a qui, par ignorance, se refusent à permettre l'intervention chirurgicale. Sur 307 opérés en 1908-1909, on a constatés 227 améliorations dans la manière de travailler des élèves.

Les yeux sont examinés par des médecins spécialistes : sur 1.140 enfants examinés, on en a trouvé 41.8 p. c. atteints de troubles de la

(1) L'aliment des hôpitaux comprend : farine de pois (5), de riz (5), cacao (4), fécule (1), sucre vanillé (10), glycérophosphate calcique (0.25).

(2) Dr Bonmariage. Mesures pratiques à prescrire dans les jardins d'enfants et les écoles primaires au point de vue de la médication préventive et de l'alimentation. — Rapport au Congrès internat. de l'enseignement. 1880. — 6e édition. Hygiène scolaire.

réfraction : hypermétropie, myopie, astigmatisme, inflammations chroniques des paupières, affections lymphatiques de la conjonctive ou de la cornée.

Des indications sont données au personnel enseignant sur la place que l'élève doit occuper en classe, sur le contrôle à exercer sur leurs attitudes et leur écriture ; des conseils sont donnés aux parents sur le traitement à suivre : dans la majorité des cas, ceux-ci envoient leurs enfants chez un spécialiste ou à l'hôpital Saint-Jean.

Des chirurgiens-dentistes visitent deux fois par an les écoles primaires et procèdent aux opérations nécessaires. En 1908-1909, ils ont eu 5,365 opérations à effectuer. Cette mesure a eu de bons résultats : les enfants appliquent les prescriptions de l'hygiène dentaire d'après les conseils qui leur sont donnés.

Un certain nombre d'enfants ont des troubles ou des vices de la parole, qui retardent leur instruction. Ainsi l'année dernière, 716 élèves ont été traités : pour blésité (623), bégaiement (55) et pour d'autres troubles (38) ; il y a eu 50 p. c. de guérisons ; les autres ont été améliorés.

La ville a organisé pour les guérir ou les corriger, un cours d'orthophonie, comprenant l'anatomie et la physiologie de l'appareil du langage, la psychogénèse, l'hygiène et la prophylaxie du langage, l'étude de la phonation et de l'articulation, la méthodologie et la pratique de l'orthophonie.

Ces cours sont suivis par des membres du personnel enseignant qui sont chargés, après obtention du certificat d'aptitude, des exercices pratiques dans les écoles primaires.

Les élèves, insuffisamment nourris et vêtus, reçoivent la soupe à l'école, ainsi que des vêtements. Dus à l'initiative des cercles du *Denier des écoles* et subsidiés par la ville, ces services prendront, dans un avenir prochain, un caractère social : les pouvoirs publics doivent protéger l'enfant, en lui assurant non seulement l'éducation et l'instruction primaires et professionnelles les préparant à la vie, mais aussi les soins hygiéniques, y compris les compléments d'alimentation et de vêtement indispensables pour que l'œuvre de l'éducation soit efficace. Quand la famille ne peut nourrir ou vêtir l'enfant en âge d'école, la société a le devoir de l'aider ; l'abandon de l'enfant est, dans ce cas, une iniquité portant un préjudice à la société tout entière. L'enfant mal nourri, mal vêtu ne peut fréquenter utilement l'école : il devient une non-valeur sociale, il meurt prématurément ou, s'il survit, il reste incapable de subvenir à ses besoins, une charge pour la société et parfois un danger, la misère étant l'une des causes, et la plus efficace, de la criminalité.

Dans les écoles communales, les enfants chétifs et indigents reçoivent à midi un tiers de litre de soupe substantielle et soixante grammes de pain ; le matin, on donne un bol de café au lait et une portion de pain à ceux qui viennent à l'école sans avoir reçu chez eux un déjeuner réconfortant et qui sont nombreux dans les quartiers pauvres.

Ces enfants débiles soumis à la médication préventive sont envoyés, sur rapport du médecin, en colonie sanitaire à la campagne ou à la mer ; toutefois, on n'admet pas d'enfants malades qui doivent être traités chez eux ou à l'hopital. Les colonies de l'espèce ont un but hygiénique; elles fortifient la santé par la cure d'air, l'alimentation rationnelle, des soins hygiéniques appropriés, les bains et les promenades. Elles sont installées dans les villas scolaires des Marçunvins, à Hastière (vallée de la Meuse) et à Westende; dans celle du Progrès, à Uitkerke, ou à Lombartzyde, dans celle de la ville.

Ces colonies scolaires sont l'embryon d'œuvres qui, dans l'avenir, seront organisées dans le but d'améliorer la santé des enfants du peuple par le séjour prolongé à la campagne : asiles de reconstitution et écoles en plein air, dans la forêt, la montagne ou au bord de la mer.

Comme on le voit, la ville de Bruxelles a réalisé le concours des médecins et des pédagogues pour assurer le développement intégral des enfants qui fréquentent ses écoles. Les mesures qu'elle a prises et que nous venons de résumer rapidement exercent une influence bienfaisante sur la santé des élèves et sur leur développement intellectuel et moral, intimement lié au développement physique.

B. *Les exercices physiques. Gymnastique, jeux, natation.*

La ville de Bruxelles a solidement et scientifiquement organisé dans ses écoles l'éducation physique par les exercices gymnastiques, les jeux et la natation. Des photographies et des graphiques de mensurations anthropométriques exposés dans son compartiment, montraient les résultats remarquables obtenus depuis la réforme de

1898 (1). C'est à cette date qu'une commission, composée de physiologistes et de pédagogues (2), fut chargée par l'échevin de l'instruction publique, M. L. Lepage, de lui faire rapport sur les réformes à introduire dans les programmes et la méthode d'éducation physique. Jusqu'alors on avait organisé l'enseignement de la gymnastique d'après le système dit « allemand » de Gutsmuths, Jahn, Spiess, Happel, combiné avec le système dit « français », du colonel espagnol Amoros. Les salles de gymnastique des écoles ressemblaient à celles des sociétés; on y dressait les élèves de tout âge à l'exécution d'exercices au rec (barre fixe), aux barres parallèles, aux anneaux, au sautoir, au pas de géant, aux engins mobiles : bâtons, haltère, massues. Cette gymnastique empirique, composée d'éléments hétérogènes empruntés aux anciens Grecs, aux cirques forains, aux sapeurs-pompiers, à l'armée, à la marine, à divers métiers, ne répond pas aux conditions physiologiques et hygiéniques de l'exercice. Les résultats étaient fort peu satisfaisants. La commission de 1898 fut unanime à proposer la suppression des appareils de cette gymnastique surannée et l'adoption des principes de la méthode de Ling, le génial gymnasiarque suédois qui fonda en 1813 l'Institut central de gymnastique de Stockholm, devenu sous

(1) Elles sont actuellement exposées à l'école normale d'instituteurs, boulevard du Hainaut, 110.

(2) MM. les docteurs en médecine : J. Demoor, N. Droixhe, Le Marinel; MM. Etienne, directeur de l'école primaire n° 6, Fosséprez, inspecteur de la gymnastique (Etat) et A. Sluys, directeur de l'école normale.

sa direction et celle de ses successeurs l'université de la gymnastique scientifique basée sur la physiologie et la pédagogie. Les exercices de cette méthode ont des effets déterminés sur l'organisme, ils sont *dosables* suivant l'âge et le degré de développement des élèves, ils redressent la colonne vertébrale, donnent le maximum d'ampleur à la cage thoracique, régularisent la fonction pulmonaire, « autour de laquelle toutes les autres fonctions gravitent ».

La méthode de Ling fut adoptée par la ville, qui prit les mesures nécessaires pour en assurer l'application dans ses écoles. Les salles de gymnastique furent transformées; on les planchéia et on y fit placer les appareils suédois : espaliers, bommes, cadres, escabeaux, etc.; mais l'essentiel était la préparation du personnel enseignant. La gymnastique suédoise étant fondée sur la physiologie, on ne peut en confier l'enseignement à des professeurs empiriques, à des praticiens sans culture scientifique. La ville envoya à l'Institut central de Stockholm, pendant une année, les professeurs de ses deux écoles normales. Un certain nombre d'instituteurs, d'institutrices, de régents et de régentes suivirent pendant deux années les cours de l'école supérieure d'éducation physique, fondée à Bruxelles en 1905. Le personnel nouveau est préparé à l'application de la méthode scientifique dans les écoles normales de la ville.

Les résultats obtenus dans les écoles normales et dans les écoles primaires de Bruxelles ont démontré que les rapporteurs de 1898 avaient eu raison de proposer l'adoption de la méthode de Ling. Ils ont été confirmés avec éclat par d'autres expériences. M. **Lefébure**, qui fut chargé par le ministre de la Guerre, en 1899, d'une mission en Suède, proposa d'introduire la méthode de Ling à l'école normale militaire de gymnastique et d'escrime établie à Etterbeek; il y avait fait des expériences comparatives entre deux groupes de sous-officiers, l'un exercé d'après l'ancienne méthode empirique, l'autre d'après la méthode de Ling. Les documents de ces expériences étaient exposés dans le compartiment du ministère de la Guerre; ils démontrent à l'évidence la supériorité de la méthode suédoise. En France, la même démonstration a été faite à l'école normale militaire de Joinville-le-Pont, par M. le colonel Coste; dans ce pays, tous les instituteurs appelés au service militaire passent par cette école normale, où ils sont initiés à la méthode de gymnastique scientifique, mesure excellente qui a fait profiter les écoles primaires de la réforme de l'éducation physique réalisée dans l'armée.

Le ministère des Sciences et des Arts a suivi le mouvement en cette matière : après le Congrès mondial de Mons, où la réforme de l'éducation physique d'après les principes de Ling fut adoptée, il annexa à l'Université de Gand une faculté d'éducation physique, comprenant la gymnastique pédagogique et la gymnastique médicale. Là seront préparés les futurs professeurs des écoles de l'Etat; le cours pratique y est donné par un officier suédois, diplômé de l'Institut central de Stockholm. En 1909, le même ministère a publié une « *Instruction pour servir à l'interprétation du programme de la gymnastique dans les écoles primaires.* » C'est un document qui manque de précision et de clarté et dont les figures sont mal dessinées et fort incorrectes; les photographies d'exercices de gymnastique des écoles normales, des athénées et des écoles moyennes de l'Etat, prouvaient à l'évidence que cette *Instruction* n'a pas orienté le personnel enseignant dans la véritable voie scientifique : plusieurs trahissaient une interprétation erronée ou incomplète de la méthode, d'autres des applications fantaisistes inspirées par un éclectisme mal éclairé.

A Bruxelles, dans les écoles primaires, trois heures par semaine sont consacrées aux exercices gymnastiques et deux heures trois quarts aux récréations. Les jeux gymnastiques sont enseignés et encouragés, parce qu'on les considère, à juste titre, comme d'excellents moyens éducatifs, répondant à des besoins instinctifs, développant l'adresse, le sang-froid, l'initiative, la sociabilité, l'énergie morale. On a commencé à établir des plaines de jeux où se rendent les élèves, une demi-journée par semaine, pour s'y exercer à des jeux de plein air. Les sports avec concours ou matches sont prohibés par le règlement communal; ces pratiques ont des effets nocifs : elles entraînent les jeunes gens à exagérer l'effort pour remporter la victoire, d'où des accidents et des maladies. Les jeux doivent rester récréatifs et hygiéniques; les concours en font des exercices éminemment dangereux. Ceux qui ont la direction et la responsabilité des établissements d'instruction devraient défendre strictement à leurs professeurs et à leurs élèves d'organiser des concours sportifs ou d'y prendre part.

La natation est enseignée régulièrement, été et

hiver, dans les écoles de Bruxelles : c'est un facteur important dans la lutte pour la régénérescence physique et morale de la race; son enseignement fait disparaître « l'hydrophobie » héréditaire qui se constate chez la plupart des enfants élevés depuis des siècles dans la crainte des dangers de l'eau. L'activité respiratoire est fortement augmentée par les exercices de natation. La plupart des élèves du 3e et du 4e degré et tous ceux de l'école normale savent nager à la fin de leurs études: il y a quelques années, les nageurs ne se rencontraient qu'exceptionnellement. La ville consacre à l'enseignement de la natation un crédit annuel de 20,000 francs (7,000 francs d'indemnité au personnel, 13,000 francs pour les autres frais); 78 instituteurs et institutrices donnent les leçons; il y a environ 50,000 leçons par année.

L'œuvre des bains-douches scolaires a été fondée en 1897 aux écoles n° 7 et n° 14; elle s'est étendue depuis aux autres écoles primaires et normales et aux écoles ménagères. Les douches par aspersion sont hygiéniques; elles donnent aux élèves des habitudes de propreté corporelle, qui sont encore exceptionnelles dans la masse de la population. Le bain-douche ne réclame qu'une consommation très modérée d'eau; il peut être pris rapidement, il est facile à surveiller, le courant d'eau enlève et entraîne sur-le-champ les impuretés encrassant la peau; il constitue une excellente gymnastique des vaisseaux sanguins. Il est supérieur au point de vue hygiénique aux bains pris dans les baignoires et coûte beaucoup moins. Les installations de bains-douches dans les écoles de la ville de Bruxelles sont simples, solides, salubres, économiques, suffisantes pour assurer un bain hebdomadaire à chaque élève, sans perte de temps et dans de bonnes conditions de sécurité. La ville supporte seule les frais de cette organisation, le gouvernement ayant refusé d'intervenir par des subsides, « cette organisation ne se rattachant pas à l'enseignement », suivant l'opinion arriérée de ceux à qui l'enseignement public est actuellement confié !

La ville de Bruxelles a réalisé pour l'éducation physique des enfants du peuple une œuvre grandiose, qui la met au premier rang des cités modernes.

§ 5. — Les jardins d'enfants.

En 1878, il existait à Bruxelles six écoles gardiennes communales, comptant 2,304 élèves, garçons et filles, de trois à sept ans. La première de ces écoles avait été fondée par une association privée en 1826. Pendant un demi-siècle, ces établissements ne furent en réalité que des « garderies d'enfants », confiées à des femmes qui ne recevaient pas de préparation pédagogique et qui étaient misérablement rétribuées. Dans un local exigu et souvent insalubre, au milieu d'un quartier populeux, on entassait quelques centaines d'enfants pauvres que l'on maintenait assis, immobiles et silencieux, pendant trois heures le matin et deux heures l'après-midi ; on leur apprenait à réciter ensemble, à l'unisson, comme une mélopée, les prières, l'alphabet, la table de multiplication; on leur faisait copier sur l'ardoise des exemples d'écriture. Les petits s'endormaient pendant ces exercices mécaniques et les maîtresses, exténuées par ce travail peu récréatif, ne les éveillaient que lorsque sonnait l'heure de la délivrance commune.

M. Ch. Buls, élu échevin de l'instruction publique en 1879, transforma ces garderies de « jeunesse captive » en jardins d'enfants, d'après le plan méthodique que le célèbre pédagogue allemand Frédéric Frœbel (1) avait établi pour faire l'éducation intégrale des enfants, et qu'il avait appliqué pour la première fois, en 1837, à Blankenburg, petite ville de la Thuringe, où il avait publié les *Causeries de la Mère* et une revue pédagogique ayant pour épigraphe ces mots significatifs : « Venez, vivons pour nos enfants ! » Il avait donné à l'institution nouvelle le nom charmant de *Kindergarten*, jardin d'enfants, la considérant comme le milieu de culture « de la fleur de l'humanité ». L'œuvre de F. Frœbel n'était pas inconnue en Belgique, en 1878. Une de ses admiratrices, Mme De Marenholz, de Hanovre, était venue en Belgique, après le Congrès de Francfort-sur-le-Mein (1857) et avait exposé les avantages de la méthode. La même année, une Allemande, Mme Jules Guilliaume, née J. H. Wohlwill (2), élève de Mme Frœbel, avait ouvert à Ixelles, rue du Champ-de-Mars, un jardin d'enfants qui avait eu beaucoup de succès. Le gouvernement s'était

(1) Né à Oberwensbach (Thuringe) le 21 avril 1782, mort à Marienthal, le 21 juin 1852.

(2) Née à Hambourg, le 9 septembre 1832, décédée à Saint-Gilles (Bruxelles) le 23 juin 1903.

fort intéressé à cette institution. Le ministre ALPH. VANDEN PEEREBOOM, avait fait ouvrir un cours temporaire à l'école primaire supérieure d'Ixelles — école fondée par une association de pères de famille — et Mlle H. BREYMANN, petite-nièce de FRŒBEL, y avait enseigné la méthode du maître, du 28 avril au 15 novembre 1858.

Une institutrice d'Ixelles, Mlle L. HANS, qui avait suivi ce cours, avait été chargée de faire connaître la méthode aux institutrices gardiennes de Bruxelles, en février 1859. Cette année et l'année suivante (1860), deux autres cours temporaires avaient été ouverts par le gouvernement et avaient été suivis par de nombreuses institutrices. Le rapport d'une commission spéciale avait été favorable. Le gouvernement reconnut « que la plupart des procédés de pédagogie allemande sont parfaitement applicables dans une salle d'asile et qu'ils peuvent concourir efficacement à corriger ce que l'ancienne école gardienne a de trop raide, de trop mécanique et même de contraire à la nature de l'enfant (1) ». La méthode de FRŒBEL fut inscrite au programme des écoles normales de filles en 1863, mais on ne consacra que quelques heures en 3e année à donner « une *idée générale* » du jardin d'enfants et « une *idée sommaire* » des matériaux qu'on y emploie : la montagne accouchait d'une souris! C'est ainsi qu'agissait l'administration timorée d'alors : les réformes reconnues excellentes ne pouvaient y être appliquées qu'à dose très diluée.

La méthode de FRŒBEL ne pénétra que frag-

(1) 6e rapport triennal, 1858-1860, p. 75 et suiv.

mentairement dans quelques écoles gardiennes de 1860 à 1878; elle fut déformée par les institutrices, qui n'en comprenaient pas les principes et ne voyaient dans quelques dons et quelques occupations recommandés que des moyens mécaniques propres à servir de passe-temps aux enfants ou à les dresser à des mouvements convenus, comme des chiens savants. Cette application inintelligente de la méthode la discréditait dans l'opinion publique.

M. Ch. Buls avait visité des *Kindergarten* en Allemagne, où la conception pédagogique de Frœbel était mieux comprise et avait constaté l'heureuse influence éducative de ce système. Il résolut de transformer les écoles gardiennes. Il ne procéda pas par de petits moyens administratifs, des programmes et des ordres de service, que le personnel lit à peine, ne comprend pas ou comprend mal et applique sans conviction. Il savait choisir les personnes compétentes pour réaliser ses projets et il n'hésitait pas, en cas de nécessité, à ne tenir aucun compte de la hiérarchie, des droits de l'ancienneté et d'autres « précédents » de l'espèce, qui sont des obstacles au progrès pédagogique et rendent illusoires tous les essais de réforme utile. Il confia à Mme J. Guilliaume l'inspection des jardins d'enfants et M. J. Guilliaume fut chargé d'enseigner la pédagogie de Frœbel aux élèves de l'école normale d'institutrices. Des subsides furent votés pour procurer aux jardins d'enfants tout le matériel nécessaire. L'inspectrice initia le personnel à la méthode, lui en fit comprendre les principes, lui en montra l'application par des leçons qu'elle donnait chaque jour elle-même aux enfants en présence des institutrices. M. J. GUILLIAUME publia un manuel de gymnastique du premier âge, composé d'une cinquantaine de petits jeux et d'exercices avec ou sans accompagnement de chansonnettes (1), ouvrage charmant, qui contribua à donner aux jardins d'enfants bruxellois le caractère esthétique qu'il doit avoir pour réaliser son but éducatif.

Il fallut à Mme GUILLIAUME un long et laborieux effort, une patience inlassable, une grande énergie pour mener l'œuvre à bonne fin. Il est relativement facile de travailler sur une « table rase » ; mais il est extrêmement pénible de réformer un personnel enseignant appartenant à une institution publique où la routine a régné en maîtresse souveraine pendant une longue période.

Quand Mme J. GUILLIAUME prit sa retraite, en 1898, la transformation était accomplie. Le jardin d'enfants était implanté à Bruxelles sur une base solide et son organisation était aussi complète et aussi bien comprise qu'en Allemagne.

Il est susceptible d'améliorations de détail, la formule FRŒBEL étant large comme la vie elle-même dans la variété infinie de ses activités. L'essentiel, c'est que le sens de l'éducation intégrale par la méthode des dons et des occupations soit compris, et c'est l'œuvre à laquelle M. BULS et ses collaborateurs ont consacré leurs efforts.

Me J. GUILLIAUME fut remplacée par Me DESTRÉE-VANDER MOLEN, qui, à l'occasion de l'Exposition,

---

(1) Bruxelles, 1883. Libr. Européenne Merzbach et Falck.

a publié une intéressante brochure sur les jardins d'enfants bruxellois.

Actuellement, Bruxelles possède quatorze jardins d'enfants, fréquentés par 3,098 élèves, garçons et filles de trois à six ans (1). Le personnel se compose de 14 jardinières en chef, 79 jardinières et 18 assistantes. Dans des conférences périodiques, le personnel examine les perfectionnements à introduire dans l'enseignement, qui ne peut se figer dans une formule définitive; ces conférences donnent les meilleurs résultats; elles provoquent et coordonnent les initiatives, entretiennent l'émulation et propagent les procédés nouveaux dont la valeur pédagogique a été reconnue. Tout dans le système Frœbel bien compris tend à développer l'enfant normalement et intégralement; les exercices ont la forme de jeux récréatifs et instructifs; les petits passent alternativement dans une salle où ils sont assis devant des tables, font des constructions et se livrent à des occupations manuelles, puis dans une salle voisine où ils dansent, chantent, se livrent à des jeux eurythmiques et les récréations en plein air coupent la journée scolaire.

Périodiquement les enfants sont conduits à la campagne : ces excursions sont des fêtes pour eux et un moyen d'éducation d'une influence très grande. La plupart des petits des quartiers pauvres de nos grandes cités modernes ne connaissent les jardins publics et la campagne que par ces excursions scolaires organisées : sans celles-ci, ils resteraient confinés dans leurs ruelles

(1) Année scolaire 1908-1909.

et leurs impasses, privés de contact avec la vie, la nature et la civilisation.

Le recrutement du personnel enseignant se fait parmi les élèves diplômées de l'école normale d'institutrices. Il est reconnu que pour former de bonnes jardinières d'enfants, il faut choisir des femmes ayant reçu une solide instruction générale et une préparation pédagogique aussi complète et aussi approfondie que celle qui est exigée des institutrices primaires. Nous estimons même que le personnel des écoles primaires gagnerait en valeur pédagogique s'il commençait par pratiquer pendant plusieurs années dans le jardin d'enfants. L'école primaire doit être le prolongement de ce dernier et non une institution indépendante; son enseignement doit se donner d'après les mêmes principes, ceux de la méthode intuitive et active.

§ 6. — L'enseignement primaire.

L'enseignement primaire à Bruxelles a profondément évolué depuis une trentaine d'années, grâce à l'action de l'Ecole modèle, fondée en 1875 par la Ligue de l'Enseignement, et de l'Ecole normale qui, à partir de 1880, a préparé le personnel enseignant nouveau à l'application des méthodes intuitives et actives.

Les méthodes verbales et passives, legs du moyen âge scolastique, furent pratiquées dans les écoles primaires en Belgique, sous la loi de 1842 qui régit notre enseignement jusqu'en 1879. On enseignait aux enfants à lire et à écrire mécaniquement ; comme des perroquets, ils devaient apprendre par cœur les prières et les incompréhensibles réponses du catéchisme, ensuite des définitions et des règles de grammaire et d'arithmétique, des textes insipides d'histoire et de géographie, pour se préparer aux concours cantonaux et aux concours communaux. Ce mécanisme verbal stupéfiait l'intelligence et dégoûtait de l'étude.

A ces pratiques surannées, l'Ecole modèle substitua les méthodes intuitives et actives qui avaient été préconisées par de grands pédagogues, du XVIe au XVIIIe siècles, dont les noms mêmes étaient inconnus dans les écoles normales, MONTAIGNE, RABELAIS, COMÉNIUS, J.-J. ROUSSEAU, et que BASEDOW, SALZMANN, PESTALOZZI et FROEBEL avaient appliquées, les deux premiers à Dessau et à Snepfenthal à la fin du XVIIIe siècle, les deux derniers au commencement du XIXe siècle, en Allemagne et en Suisse.

A l'enseignement verbal et passif, ces pédagogues substituaient la méthode intuitive et active provoquant et dirigeant le développement intégral et normal de l'enfant. Mais leurs expériences restèrent ignorées dans la Béotie pédagogique belge jusqu'en 1879.

La réforme fut complétée à Bruxelles après 1884 par l'introduction des travaux manuels éducatifs dans toutes les classes primaires. La méthode de O. SALOMON, de Nääs (Suède), fut adoptée par la ville de Bruxelles et adaptée au milieu ; elle comprend actuellement des exercices frœbeliens, des travaux gradués de cartonnage et de bois, pour les trois degrés de l'école primaire, avec des applications variées à toutes les branches dans lesquelles des manipulations de diverses matières premières peuvent utilement servir à assurer le développement intégral de l'intelligence.

M. J.-B. Tensi, professeur à l'école normale, a développé cette méthode dans une série d'ouvrages servant de guides à cet enseignement au degré primaire et à l'école normale.

La parole, l'intuition sensible, l'action, sont les trois stades pédagogiques par lesquelles ont passé nos écoles. Actuellement, la parole, l'intuition sensible et l'action sont solidarisées et constituent une méthode de culture intégrale s'appliquant à tout l'enseignement. Les enfants ne sont plus de passifs enregistreurs de mots, comme jadis. Dans toutes les leçons, l'instituteur a pour mission principale de les faire agir manuellement pour découvrir et comprendre les notions du programme, par l'analyse des objets ou des modèles, ou pour leur faire appliquer les notions acquises. Les nombres, les formes, les poids et mesures, le dessin géométrique, les travaux manuels ne sont plus des spécialités, des branches indépendantes, enseignées isolément, chacune à son heure ; elles forment un bloc dont les divers éléments sont en connexion intime entre eux, et le travail manuel en est le pivot. C'est de la construction même d'un modèle que jaillissent les notions numériques, métriques, géométriques qui y sont incorporées et que l'analyse de l'objet et sa synthèse ont fait découvrir.

Les êtres et les phénomènes naturels constituent un autre bloc qui requiert l'observation directe de manipulations expérimentales et la construction de petits appareils de démonstration. La langue intervient dans tous les exercices actifs pour fixer et exprimer les acquisitions de notions, les jugements et les raisonnements suggérés par l'observation, l'analyse, la comparaison ; l'instituteur fournit les expressions verbales au fur et à mesure des besoins au cours des exercices ; les mots entrent ainsi dans l'esprit des enfants associés intimement avec les idées.

La classe n'est plus une salle où un maître parle, dicte, fait répéter des formules ; c'est un laboratoire où les enfants travaillent du cerveau et des mains pour arriver au savoir et au savoir-faire par l'expérience des choses. Souvent on doit enseiger hors de l'école : les élèves quittent le local pour se rendre au laboratoire, à l'atelier, à la cour, au jardin, à la salle où se font les projections lumineuses, au cinéma où des séances méthodiques sont organisées, dans les musées et les monuments de la ville, dans les établissements industriels, à la campagne pour observer les êtres et les phénomènes de la nature, les travaux agricoles, l'aspect du pays, etc. Les excursions scolaires sont devenues un mode habituel d'enseignement, dont les résultats sont excellents là où cette méthode est bien appliquée et ne dégénère pas en promenades sans but.

Les observations et les exercices manuels ne se font ni occasionnellement ni au hasard des circonstances. Ils sont sériés dans le programme par année d'étude, d'après le degré moyen de développement des enfants de six à quatorze ans. Agir autrement, en laissant les instituteurs livrés à eux-mêmes, sans guide, serait les soumettre à un travail énorme de recherches, en les privant des résultats acquis par les expériences déjà faites. Ce serait aussi introduire dans les écoles de la ville un principe d'anarchie pédagogique qui produirait les effets les plus disparates, les plus contradictoires : les classes d'une école ne peuvent pas être considérées comme des milieux juxtaposés, indépendants l'un de l'autre ; ce sont les parties d'un tout harmonique, et les diverses écoles primaires d'une ville sont, en réalité, des sections locales d'une seule école ; d'où la nécessité d'un programme commun et d'une même pédagogie pénétrant toutes les parties de l'édifice scolaire et faisant profiter tous les élèves des bienfaits d'un système éducatif visant le développement intégral et harmonique de toutes leurs facultés. Aussi le jardin d'enfants et l'école primaire se succèdent normalement sans solution de continuité, sans contradiction comme jadis, car elles sont basées sur le même principe.

§ 7. — **Le quatrième degré.**

C'est au quatrième degré, qui reçoit les élèves de douze à quatorze ans, que la méthode intuitive et active s'applique le plus complètement. L'école y achève son œuvre de préparation à la vie. Les élèves vont bientôt devoir collaborer, par leur travail, à la production économique. Comment les orienter dans le choix d'une profession correspondant à leurs aptitudes ?

L'école d'hier n'avait pas abordé cette face du

problème éducatif. Elle abandonnait au hasard des circonstances l'enfant mal armé pour la vie, sachant lire et écrire mécaniquement, répéter des formules verbales, mais n'ayant pas d'idée claire des choses, ni la conscience de ses aptitudes, qu'aucun exercice n'avait pu lui révéler, car le système passif et verbal avait laissé ses facultés actives sans culture.

La plupart des enfants du peuple, embrigadés dans l'industrie ou l'agriculture, condamnés aux besognes élémentaires inintelligentes et sans avenir, réduits à des salaires insuffisants, redevenaient rapidement des illettrés, broyés par la vie, réduits à l'état de rouages sociaux inertes. Ceux qui avaient une belle écriture cherchaient une misérable place de copiste dans un bureau. Quelques rares privilégiés entraient à l'école moyenne, à l'athénée, pour se préparer aux carrières commerciales ou libérales, et encore la plupart de ceux-ci échouaient-ils en route.

Le travail manuel n'attirait donc que les inférieurs, les mal doués. Or, l'industrie moderne a subi, elle aussi, au cours des dernières années, une évolution profonde : elle a besoin de plus en plus d'ouvriers qualifiés, intelligents et instruits. C'est le quatrième degré qui doit orienter l'éducation générale vers les professions manuelles ; son caractère technique doit s'accentuer, sans qu'il devienne cependant une école d'apprentissage, une école professionnelle, une école technique proprement dite.

Il importe d'insister sur ce dernier point, car la confusion se fait aisément. Les parents mettent souvent trop de hâte à transformer leurs enfants en apprentis spécialisés, et c'est une erreur, même au point de vue économique. Ce n'est qu'après quatorze ans que devrait commencer l'apprentissage véritable. Commencer plus tôt, c'est lâcher la proie pour l'ombre.

Le quatrième degré doit rester l'école primaire, être son couronnement. On doit y donner encore une éducation générale, mais en visant la préparation à des professions ; ce résultat s'obtient en appliquant une méthode qui, tout en préparant les jeunes gens à des professions d'un même genre, ne les spécialise cependant en aucune.

C'est à Saint-Gilles, sous l'échevinat de M. L. MORICHAR, que l'idée prit corps et put largement se réaliser par l'action intelligente et persévérante de M. V. DEVOGEL, qui fut la cheville ouvrière de cette réforme pédagogique importante. On débuta par la création, en 1902, de classes complémentaires annexées aux écoles de garçons ; on forma ainsi le quatrième degré primaire ou l'école primaire supérieure, suivant la terminologie du programme officiel de 1881 qui concevait des classes de septième et de huitième année, complétant les études primaires proprement dites. En 1905, après des recherches et des expériences nombreuses, l'école primaire technique de Saint-Gilles devint un organisme indépendant, ayant un caractère nettement accusé, où les enfants des ouvriers, après avoir terminé les études primaires, reçoivent une éducation générale préparatoire à tous les métiers manuels. Cette école est située rue de Plaisance ; elle possède des ateliers pour le modelage, le travail du bois, de la pierre, des métaux, des laboratoires pour la physique, la chimie, des collections technologiques, un musée d'outils, des salles de dessin, des locaux pour les cours oraux. Le programme répond à cette question : *Quel est le savoir le plus utile à l'ouvrier?* Et, après l'analyse des conditions modernes du travail industriel, M. V. Devogel y a répondu : les *mathématiques*, les *sciences*, le *dessin*, les *travaux manuels*.

La méthode intuitive et active est appliquée dans tout l'enseignement. Tous les élèves, sans exception, quelle que soit la profession qu'ils exerceront plus tard, passent par tous les cours et tous les ateliers, ce qui distingue l'école du quatrième degré technique de l'école d'apprentissage.

Cette école a attiré l'attention même — disons *surtout* — des étrangers qui cherchent à harmoniser l'école primaire avec le milieu social moderne, essentiellement industriel. M. V. Devogel en a donné l'historique et la description dans un opuscule illustré : l'*Ecole primaire supérieure technique de Saint-Gilles-lez-Bruxelles*, auquel nous renvoyons pour les détails.

Bruxelles a créé sur ce modèle, en 1906, une école primaire technique. Ayant à satisfaire à d'autres besoins par suite de la multiplicité des professions dans une grande ville, elle a fondé, en outre, un 4e degré pour filles, un 4e degré à tendances commerciales pour garçons ; elle possédait déjà un 4e degré pour filles et pour garçons se préparant aux écoles normales.

Le 4e degré pour filles, tout en complétant l'instruction générale des élèves, les initie méthodiquement aux professions relevant de la couture, pour les préparer à devenir ensuite de bonnes ouvrières en se perfectionnant dans un métier déterminé, soit par leur seul effort personnel, soit par un apprentissage approfondi dans une école professionnelle ou dans un atelier.

Les cours généraux comprennent : les deux langues nationales, les mathématiques, les sciences naturelles, l'hygiène, la technologie, l'économie domestique, la géographie commerciale, l'histoire de la civilisation, la musique, la gymnastique et la natation (17 heures par semaine). Les cours manuels sont : la lingerie, la confection, le dessin (16 heures par semaine). Au 4e degré technique pour filles a été consacré un legs de 418,000 fr. fait à la ville par Mme veuve N. Wautelée.

Le 4e degré technique commercial pour garçons s'adresse aux élèves primaires qui désirent se préparer à des fonctions de comptables, de vendeurs, d'employés dans les maisons de commerce, les banques, les établissements industriels. On y affermit et approfondit les connaissances du programme primaire, on y ajoute l'enseignement de la sténographie, de la dactylographie, de la comptabilité, ainsi que des éléments d'algèbre, des cours d'allemand et d'anglais.

Dans ses formes variées, le 4e degré bruxellois reste primaire et général et n'empiète pas sur l'enseignement technique proprement dit. C'est après leur sortie de ces écoles primaires supérieures, que les élèves choisissent la profession qui répond à leurs aptitudes et à leurs goûts. Ils l'apprennent avec facilité, parce qu'ils y ont été préparés. Ils trouvent à Bruxelles de multiples écoles d'apprentissage, une école industrielle, une école d'art appliqué, des cours spéciaux, pour compléter leur initiation professionnelle et leur instruction générale ou spéciale. La ville a largement pourvu à la nécessité, de jour en jour plus pressante, d'aider l'industrie à recruter des ouvriers et des artisans bien préparés pour soutenir la lutte économique contre ses redoutables concurrents sur le marché universel.

§ 8. — L'enseignement spécial pour anormaux et pour arriérés.

Notre pays occupe l'un des premiers rangs dans la production industrielle, mais les salaires y sont plus bas et les journées de travail plus longues qu'en France, en Allemagne, en Angleterre, aux Etats-Unis.

La classe des travailleurs qui est déprimée par la misère est aussi ravagée par l'alcoolisme. Ce sont là des facteurs de dégénérescence de la race ; nombreux sont les enfants qui naissent dans les plus mauvaises conditions, atteints de tares héréditaires, de malformations congénitales. Les plus profondément atteints, les idiots, les demi-idiots, les imbéciles, sont inéducables. D'autres sont encore des anormaux, mais peuvent être améliorés par des soins hygiéniques et éducatifs ; on ne peut cependant les recevoir à l'école ordinaire, car ils ne sauraient y suivre l'enseignement et ils y seraient une nuisance pour les normaux. Enfin il existe une troisième catégorie d'enfants pour lesquels un enseignement spécial est nécessaire : ce sont des normaux ou des quasi-normaux nés dans une famille où ils n'ont pas reçu les soins nécessaires pour se développer régulièrement; ils ont été mal nourris, abandonnés à eux-mêmes, n'ont reçu que l'éducation de la rue dans les quartiers misérables, ont vagabondé, sont restés ignorants ou grossiers, sont devenus vicieux par l'influence des mauvais exemples; ils n'ont fréquenté ni le jardin d'enfants ni l'école primaire, ou n'ont suivi les cours de celle-ci que très irrégulièrement; à neuf ou dix ans, ils sont encore illettrés; ce sont des arriérés pédagogiques. On ne peut les placer dans les classes primaires correspondant à leur âge, ni dans des classes inférieures d'enfants ayant trois années de moins qu'eux; dans les premières, ils ne sauraient pas suivre l'enseignement; dans les dernières, leur présence serait moralement nuisible aux autres; dans les unes et les autres, ils seraient des éléments d'indiscipline.

Les anormaux profonds relèvent de la médecine. Pour les anormaux superficiels, améliorables, éducables et pour les arriérés pédagogiques, l'organisation d'un enseignement spécial s'impose. Dans l'immense majorité des communes, en Belgique, on ne s'est jamais occupé de ces malheureux. S'ils se présentent à l'école primaire, on les reçoit, mais bientôt on les considère comme des paresseux, des entêtés, des indisciplinés et on les traite en conséquence, les accablant de reproches et de punitions répétés, de manière à les dégoûter de l'école. La plupart des instituteurs et des institutrices n'ont reçu dans les écoles normales qu'un enseignement pédagogique suranné, verbal, théorique, superficiel, qui ne leur a donné que des idées fausses sur la nature des enfants. On les a laissés dans l'ignorance de la psychologie expérimentale, de la pédologie ; on ne leur a rien appris ni sur l'hérédité physiologique et psychique, ni sur l'anormalité, ni sur les causes de l'arriération.

Pour les anormaux et les arriérés pédagogiques, un enseignement spécial s'impose. La ville de Bruxelles l'a organisé en plusieurs étapes. L'école n° 14 ne comprend que des anormaux et des arriérés pédagogiques. Des classes spéciales, dans la plupart des écoles primaires, reçoivent uniquement les irréguliers, signalés par les instituteurs et examinés par les médecins scolaires. Des enquêtes approfondies sont établies pour déterminer la nature des tares et les causes du retard ou de l'irrégularité du développement de ces petits malheureux. Des dossiers nombreux sont déjà formés, documents précieux pour les médecins et les sociologues, particulièrement utiles à consulter par les instituteurs chargés de l'éducation de ces enfants. Dans presque tous les cas, c'est à la misère, à l'alcoolisme, à l'ignorance des parents qu'il faut attribuer les tares physiques et psychiques des enfants anormaux, l'arriération et les vices des irréguliers.

Les enfants reconnus incapables de suivre les classes primaires ordinaires sont classés d'après leur état physique et psychique, leur degré d'arriération, leur caractère, puis soumis à des régimes hygiéniques et éducatifs propres à les améliorer. La collaboration des médecins et des pédagogues est particulièrement nécessaire dans l'enseignement spécial. Ces enfants sont fortifiés physiquement par une meilleure alimentation, par une gymnastique hygiénique et corrective, par des promenades et des jeux collectifs au grand air, des exercices de natation, des douches par aspersion. La méthode d'éducation intellectuelle intuitive et active est appliquée plus rigoureusement; mais le programme primaire ne leur est pas enseigné complètement, leur cerveau n'étant apte qu'à concevoir des notions concrètes limitées. A chaque enfant, il faut, du reste, une modalité d'enseignement différente, conforme à sa nature, à sa mentalité réduite ou oblitérée. Il en est de même pour le régime éducatif moral; on ne peut, en effet, traiter de la même manière les apathiques et les irritables, les doux et les violents. L'étude des anormaux et des arriérés pédagogiques a été féconde au point de vue pédagogique : elle a développé la *pédologie*, c'est-à-dire la science de l'enfant; elle fait faire de grands progrès à la pédagogie elle-même, qu'elle fait sortir de la phase philosophique pour l'engager définitivement dans la voie scientifique positive.

A Bruxelles, l'enseignement spécial a donné des résultats satisfaisants. Lors de l'Exposition universelle de Bruxelles, il s'appliquait à 937 enfants de six à quinze ans, répartis dans 39 classes de sept écoles primaires. Le régime appliqué améliore sensiblement l'état physique des enfants, les rend capables d'attention volontaire, de travail soutenu, leur fait acquérir une instruction fondamentale qui leur permet d'entreprendre, vers l'âge de quatorze ou quinze ans, l'apprentissage d'un métier. Mais après leur sortie de l'école, ils ont plus besoin que les normaux de protection efficace, sinon, ils retombent dans la misère, le milieu social où ils vivent, étant, en général, très inférieur. La Société protectrice de l'Enfance anormale, fondée en 1901, remplit en leur faveur le rôle bienfaisant de comité de patronage : d'accord avec l'échevin de l'instruction publique, elle les soutient et les encourage pendant leur apprentissage, leur donne de bonnes directions morales, choisit des patrons qui s'intéressent à eux, organise en leur faveur des distributions de vêtements, d'outils, de livrets de la Caisse d'épargne et de retraite, des excursions à la campagne, des voyages d'agrément, etc. Cette œuvre postscolaire est une admirable manifestation de solidarité sociale, absolument désintéressée, qui sauve de la misère noire et de la mort prématurée un bon nombre de victimes de l'hérédité et du milieu.

§ 9. — **Les Écoles normales.**

Les réformes que nous venons d'esquisser rapidement et qui sont réalisées ou en voie de réalisation dans les écoles de Bruxelles, sont le résultat de longs et persévérants efforts, d'une lutte souvent pénible contre des obstacles très résistants qui ne découragèrent cependant jamais les initiateurs de la rénovation pédagogique. Au début, en 1879, tout manquait : les locaux et le mobilier scolaire, le matériel didactique, les manuels, et surtout un personnel enseignant préparé à l'application des méthodes d'éducation intégrale.

Pour l'amélioration des conditions matérielles, il ne fallait que de l'argent, beaucoup d'argent. On en trouva. Bruxelles ne lésina jamais sur les dépenses scolaires reconnues nécessaires.

Mais c'est l'instituteur qui fait l'école, et, avant 1879, l'enseignement normal ne l'avait pas préparé à sa mission telle qu'elle doit être conçue. Sous la loi de 1842, l'école normale de l'Etat était organisée sur le modèle de celle du clergé : l'esprit théologique, de sa nature essentiellement antiscientifique, imprégnait l'enseignement qu'on y donnait ; la méthode scolastique du moyen âge y dominait ; on y apprenait la lettre d'une série de manuels, la plupart arriérés. La pédagogie y était réduite à l'exposé et au développement phraséologique de formules creuses et à des pratiques routinières. L'instituteur diplômé n'avait pas été préparé, par ses maîtres timorés, à concevoir dans son ampleur et dans sa complexité le vaste problème de l'éducation de l'enfant. De celui-ci, il ne connaissait rien, absolument rien. Il ne le considérait que comme un récipient dans lequel il avait mission de verser l'eau claire du verbalisme.

Les tristes conditions économiques et morales dans lesquelles vivait alors l'instituteur communal ne lui permettaient pas de se perfectionner. Le salaire insuffisant qu'il recevait l'obligeait à cumuler d'autres fonctions. L'Eglise et l'Etat s'étaient associés pour faire peser sur lui un joug très lourd qui l'empêchait de se redresser. Il n'était et ne pouvait être qu'un répétiteur de catéchisme et de formulaires, un préparateur aux concours cantonaux.

Aussi le mouvement de réforme pédagogique

ne sortit-il pas du corps enseignant, qui subissait fatalement la déformation professionnelle. L'impulsion vint du dehors, de la Ligue de l'Enseignement et de l'Ecole modèle qu'elle fonda en 1875 à titre de démonstration pratique. Les hardies suggestions exposées par M. P. TEMPELS, dans son livre original l'*Instruction du peuple* (1), y furent soumises à l'épreuve de la pratique dans ce laboratoire pédagogique où régnait souverainement l'esprit scientifique moderne. Le programme de l'Ecole modèle devint celui des écoles communales de Bruxelles sous l'échevinat de M. CH. BULS (1879), puis celui des écoles communales du pays (1880), sous le ministère de M. P. VAN HUMBEECK. Ce fut la révolution pédagogique la plus profonde qui ait jamais été tentée dans notre pays depuis 1830. Et bien que, depuis 1884 jusqu'à l'heure actuelle, ses principes et ses moyens d'action aient été combattus avec acharnement par l'Eglise et par l'Etat, de nouveau associés pour faire reculer la civilisation, elle a laissé une trace profonde que rien ne pourra plus effacer, et ouvert définitivement la voie à tous les progrès de la pédagogie scientifique.

Pour que la réforme pût se réaliser dans les écoles primaires, il fallait refondre l'enseignement normal et créer des cours temporaires pour préparer le personnel enseignant en fonction à l'application des nouvelles méthodes. C'est ce que fit largement le gouvernement de 1880 à 1884 : l'Etat outilla vingt-sept Ecoles normales. Ce fut

(1) Bruxelles. A. LACROIX, Verboekoven et Cie, édit., 1865. 346 pages.

l'âge d'or de l'enseignement primaire en Belgique. La physiologie, l'hygiène, la psychologie devinrent les bases scientifiques de l'enseignement de la pédagogie et l'histoire critique des doctrines pédagogiques fut enseignée en cours continu. Les futurs instituteurs furent initiés aux méthodes expérimentales.

La ville de Bruxelles possédait depuis une vingtaine d'années deux cours normaux (1) pour la préparation de ses instituteurs et de ses institutrices ; ils avaient été transformés, en 1874, en écoles normales, qui devinrent des sections normales de l'Etat en 1880. Elles eurent la chance d'être supprimées par le gouvernement catholique en 1884. Oui, nous devons hautement affirmer que cette circonstance fut heureuse, au milieu des malheurs qui frappèrent alors notre enseignement national, car si les écoles normales de Bruxelles étaient restées sous la direction de l'Etat, elles auraient subi l'action déprimante de la politique scolaire confessionnelle qui a abaissé dans le pays entier le niveau des études normales, réintroduit l'esprit scolastique dans l'enseignement des sciences et de la pédagogie et fait régner dans ces écoles une atmosphère cléricale étouffante.

Reprises par la commune, les deux écoles normales de Bruxelles ont pu se développer suivant les principes qui y avaient été introduits par le programme de 1880. Sous une administration libérale soucieuse de faire bénéficier ses écoles de tous les perfectionnements possibles, les écoles normales de Bruxelles ont pu remplir plus

(1) Fondés en 1860 et en 1862.

complètement que jamais le double rôle qui leur est dévolu : la préparation physique, intellectuelle, morale et professionnelle des futurs éducateurs primaires et la recherche des meilleures méthodes d'éducation et d'enseignement.

Ces écoles ont eu depuis 1884 le sort enviable d'être en Belgique les forteresses de l'esprit pédagogique libre, laïque et scientifique, résistant victorieusement à tous les assauts de la réaction ; elles ont affirmé leur vitalité par de hardies initiatives, qui ont attiré sur elles l'attention de ceux qui, à l'étranger notamment, cherchent à perfectionner les méthodes pédagogiques.

C'est à l'école normale que la plupart des réformes pédagogiques introduites dans les écoles primaires ont été d'abord élaborées ou soumises au creuset de la pratique et enseignées aux futurs maîtres des écoles primaires. Nous devons nous borner à les citer rapidement : méthode de lecture par l'analyse et la synthèse des mots normaux, écriture droite simplifiée, méthode directe pour l'enseignement de la seconde langue, méthode modale chiffrée de musique, dessin spontané et dessin à main levée d'après les objets avec perspective d'observation, éducation esthétique par la décoration scolaire, l'organisation de fêtes artistiques, la visite des musées, des monuments, des expositions d'art, les auditions musicales, etc.; gymnastique d'après Linc, avec pratique des jeux de plein air et de la natation; organisation des mensurations anthropométriques, éducation intellectuelle par des exercices gradués d'observation sur les êtres et les phénomènes de la nature et les excursions scolaires, par des exercices intuitifs de calcul, de formes géométriques, de système métrique; enseignement intuitif de la géographie, de l'histoire de la civilisation; emploi des projections et de la cinématographie dans l'enseignement des diverses branches : géographie, histoire, industries, etc. C'est à l'école normale d'instituteurs qu'eut lieu, le 23 décembre 1908, la première séance démonstravive de cinématographie : M. Buls donna une leçon d'archéologie sur l'Egypte et M. Arndt une leçon sur les dirigeables et les aéroplanes. Le programme des écoles primaires que nous avons brièvement analysé plus haut est un résumé de cet ensemble de réformes méthodologiques dont l'école normale prit l'initiative en rompant radicalement avec l'ancien sytème.

L'introduction des travaux manuels éducatifs à l'école normale d'instituteurs fut la réforme la plus féconde; elle a permis de réaliser l'éducation intégrale des élèves, elle a donné aux instituteurs le plus puissant des instruments pour appliquer à tout l'enseignement primaire la méthode active. Les élèves-instituteurs sont exercés aux occupations de Frœbel, au cartonnage, au modelage, aux travaux de menuiserie, à la confection du matériel didactique, à l'application des manipulations aux diverses branches du programme primaire : formes géométriques, physique, etc. Il ne manque à ce programme que le travail des métaux. Nous l'avons proposé et, en principe, ce complément nécessaire a été adopté par la ville, car les instituteurs doivent être préparés par l'école normale au quatrième degré technique, qui comporte le travail du fer. A l'école normale des filles, ce sont les travaux à l'aiguille, le tracé de patrons, la coupe, la confection, les travaux du ménage, l'économie domestique qui, avec les exercices frœbéliens et le cartonnage, constituent le groupe des travaux manuels.

Le cours de pédagogie s'est profondément transformé; de théologique qu'il était sous la loi de 1842, de philosophique qu'il fût sous la loi de 1879, il est devenu scientifique, par le fait qu'il est basé actuellement sur la biologie, la psycho-physique, la psychologie expérimentale et la pédologie ou étude scientifique de l'enfant. Après l'étude des enfants normaux, les élèves suivent un cours sur la physiologie, la psychologie et la pédagogie des enfants anormaux. Les élèves-institutrices ont, en outre, un cours de puériculture et de méthode Frœbel. L'histoire critique des doctrines pédagogiques depuis l'antiquité jusqu'à l'époque contemporaine termine la préparation théorique des instituteurs et des institutrices. La pédologie est enseignée dans un laboratoire spécial depuis 1905 par M. T. Jonkheere, qui initie les élèves à la technique des appareils d'exploration physiologique et psychique. Cette date est à retenir; l'école normale d'instituteurs de Bruxelles fut la première à introduire cette branche dans son enseignement pédagogique et il n'est pas douteux que la pédologie va profondément modifier les conceptions sur l'éducation des enfants et les méthodes de culture et d'enseignement. La pédagogie entre dans la phase scientifique positive de son évolution, après avoir passé par la phase théologique et la phase métaphysique.

La pratique de l'enseignement à laquelle les élèves-instituteurs doivent être exercés, se fait dans les écoles communales, qui sont le milieu normal pour l'initiation professionnelle.

A ce point de vue, Bruxelles se trouve dans des conditions particulières : une partie de la population parle le français, une autre partie le flamand. Le français est la langue la plus répandue, bien que la ville se trouve dans la région flamande. Le Bruxellois de langue flamande parle un dialecte réduit à l'état de patois très pauvre, dans lequel des mots français déformés ont pénétré en grande nombre ; le flamand est en voie de régression depuis plus d'un siècle dans l'agglomération bruxelloise ; c'est un fait dû à des causes d'ordre historique que nous n'avons pas à exposer ici. M. Ch. Buls créa des classes inférieures (premier degré) où l'enseignement se donne en langue néerlandaise aux enfants qui ne parlent que le flamand au moment de leur entrée à l'école primaire. On leur enseigne le français par la méthode directe, et arrivés en troisième année, ils sont mélangés avec les élèves qui ont débuté en français. Ceux-ci reçoivent un cours de langue néerlandaise par la méthode intuitive et directe.

Ce système donne, en somme, de bons résultats ; les petits Bruxellois apprennent ainsi les deux langues. Pour l'appliquer, il faut des instituteurs et des institutrices possédant ces deux langues. Les écoles normales sont organisées en vue de ce résultat. Aux examens d'admission, de passage et de sortie, le même nombre de points est attribué aux deux langues. Le français est la langue véhiculaire des diverses branches, mais le cours de langue néerlandaise est fortement organisé. La pratique méthodologique se fait dans les deux langues. Par ce système on est arrivé au résultat désiré : les instituteurs et les institutrices qui sont formés dans les écoles normales de Bruxelles, peuvent enseigner dans les classes de langue flamande et dans celles de langue française.

On peut affirmer que la question des langues est résolue, à Bruxelles, dans l'enseignement normal et dans l'enseignement primaire.

Notons encore deux innovations réalisées à l'école normale d'instituteurs : les élèves reçoivent un cours pratique de brancardier-ambulancier et passent l'examen de la Croix-Rouge; ils sont rendus aptes à donner les premiers soins aux élèves indisposés ou blessés, et, en cas de guerre, ils sauraient remplir les utiles fonctions de brancardiers-ambulanciers. Un cours colonial a été organisé pour leur faire connaître le Congo, sa géograghie, ses productions, ses ressources.

Au moment de l'Exposition universelle, l'Ecole normale d'institutrices comptait 144 élèves et celle d'instituteurs 141, non compris les élèves des cours préparatoires et des classes d'application. Elles ont formé depuis 1884, date de leur communalisation, 402 instituteurs et 729 institutrices, non compris les promotions de 1910. Environ 90 p. c. de ces diplômés sont instituteurs ou institutrices dans les écoles de Bruxelles ou des faubourgs; les autres sont en province, ou ont continué leurs études à l'Université, ou ont embrassé d'autres carrières.

Pour répondre aux besoins des communes de l'agglomération bruxelloise, la Ville, soutenue par la Province, a décidé de doubler les effectifs de ses Ecoles normales.

IV

LES ÉCOLES D'ANVERS

§ 1. — La décoration scolaire permanente.

La puissante commune d'Anvers avait exposé ses services publics dans des salles annexées à la maison de Rubens admirablement reconstituée. La belle ordonnance du compartiment scolaire prouvait que la bonne tradition artistique s'est conservée vivace dans la cité qu'illustra le plus grand peintre de l'école flamande.

Les organisateurs de l'enseignement du peuple à Anvers ont fait les efforts les plus louables et les plus efficaces, surtout depuis une quinzaine d'années, pour développer l'éducation esthétique des enfants, non seulement en organisant dans les écoles primaires des cours de dessin et de musique et des visites dans les musées, mais encore en faisant vivre les élèves dans une ambiance de beauté produite par la décoration picturale et florale permanente des écoles.

L'exemple est encore unique dans notre pays et mérite d'être signalé. Il est dû à l'initiative de deux hommes de goût, MM. Van Kuyck et Desguin, à qui, depuis de longues années, le conseil communal a confié les échevinats des beaux-arts et de l'instruction publique. Sur leur proposition, le conseil communal votait, le 30 juin 1896, un crédit annuel de 3,000 francs qui devait être consacré à la décoration d'une école primaire par un jeune artiste couronné de l'Académie des beaux-arts. Ce crédit fut porté à 4,000 francs en 1909. De 1896 à 1910, plus de 40,000 francs ont été attribués à cet objet.

Ainsi un double résultat a été obtenu : d'une part, la belle décoration des locaux scolaires d'Anvers contribue fortement, efficacement, par l'influence permanente du milieu, à l'éducation esthétique des enfants; d'autre part, plusieurs jeunes peintres ont pu, dès le début de leur carrière, faire connaître et apprécier leur talent, alors que la plupart des artistes se débattent, au sortir de l'Académie des beaux-arts, au milieu de difficultés matérielles presque toujours pénibles, souvent même décourageantes.

L'administration communale avait installé, dans l'exposition même, une série de classes primaires, dans leurs dimensions réelles, avec leur mobilier, leur matériel didactique, les manuels, les travaux des élèves, les horaires, les méthodes, les programmes. Ainsi comprise, une exposition scolaire se justifie parce qu'elle est un enseignement pour les visiteurs : elle montre la réalité et permet de juger les résultats. Toutefois les classes reconstituées n'avaient pu être éclairées latéralement, la disposition du compartiment ayant imposé l'éclairage par la partie supérieure, ce qui favorisait, du reste, les peintures décorant les parois latérales. Celles-ci absorbaient toute l'attention des visiteurs, tant elles sont impressionnantes et par la nature des sujets traités et par leur exécution.

En 1897, M. Maynet composait pour l'école de la rue Albert une série de scènes historiques largement traitées, représentant les ancêtres de l'âge de la pierre chassant et pêchant, les druides dans la forêt sacrée, le camp de César et la soumission des Belges vaincus par les Romains.

L'année suivante, M. Vloors illustrait l'histoire du haut moyen âge : un descendant dégénéré de Mérovée est représenté suivant la donnée classique de Boileau :

Quatre bœufs attelés, d'un pas tranquille et lent,
Promenaient dans Paris le monarque indolent.

La majestueuse figure de Charlemagne, « l'empereur à la barbe florie », la conversion au christianisme des habitants du bord de l'Escaut, la fondation des monastères et des premières écoles, constituent un ensemble très décoratif.

En 1899, M. Goco évoquait la période des croisades : Pierre l'Ermite prêchant la guerre sainte, le départ des croisés d'Anvers, la prise de Jérusalem, le triomphe de Godefroid de Bouillon.

L'histoire ancienne du pays se déroule ainsi sous les yeux des élèves, en de magnifiques compositions picturales qui laissent dans leur esprit une trace indélébile. Quelques commentaires sobres et clairs suffisent pour compléter la leçon. Voir l'histoire, c'est la comprendre et la retenir facilement.

La série historique a été provisoirement interrompue. Les murs de l'école supérieure de jeunes filles ont reçu, en 1900, une décoration bien adaptée au milieu ; M. Bosiers montre la femme occupée à des travaux artistiques : la Romaine filant la toile; la jeune fille, au moyen âge, faisant de la broderie; l'Indoue tissant, la dentellière flamande moderne; deux panneaux représentent la Poésie et la Science.

La salle de dessin d'une école de garçons a aussi reçu une décoration magnifique due à M. Posenaer, qui a représenté dans leurs ateliers et en plein travail, avec un grand souci de couleur locale et de vérité historique, les travailleurs exerçant des métiers d'art : les décorateurs de l'ancienne Egypte, les potiers d'Athènes, les mosaïstes de Byzance, les artisans flamands du moyen âge et de la renaissance, qui ont produit tant de chefs-d'œuvre admirés partout : armuriers, tailleurs de pierre, sculpteurs, constructeurs de cathédrales, d'hôtels-de-ville, de halles, tisserands, ferronniers, verriers, ciseleurs, imprimeurs, relieurs, ébénistes, etc.

Quelle admirable documentation pour un cours d'art appliqué aux métiers ! Quelles suggestives leçons d'esthétique données aux jeunes dessinateurs qui travaillent dans cette salle, au milieu de ces belles évocations des époques où l'art et le métier étaient intimement solidarisés !

Le peintre Jaques (1901) a pris ses sujets dans « le beau pays de Flandre », le long de la Lys, où on cultive le lin. Il nous montre le semeur, les sarcleuses, la récolte du lin, le rouissage, le peignage et le filage des fibres et, pour terminer, le colporteur qui va débiter le fil de village en village. Combien les petits Anversois doivent se réjouir en contemplant ces œuvres vigoureusement peintes et d'un réalisme saisissant !

M. Vanderloo (1906) a traité les œuvres de Miséricorde, et les deux compositions exposées dégagent une intense poésie et font naître une profonde émotion. En deux scènes impressionnantes, il a illustré la leçon évangélique : « Donnez à manger à ceux qui ont faim et à boire à ceux qui ont soif » ; il montre de petits chemineaux affamés, harassés, dolents, invités par de bons enfants à entrer dans la ferme pour s'y reposer et se restaurer ; dans un jardin d'autres enfants donnent à boire à des chiens altérés. L'artiste a produit une œuvre exquise dans sa simplicité et d'une parfaite adaptation au milieu scolaire.

D'autres peintres ont représenté les Inventeurs (M. Opsomer, 1903), les Artisans (M. Ernest, 1904), les Hommes célèbres (M. Walravens, 1905), la culture du blé (M. Matthys, 1907). M. Van Kuyck se propose d'intéresser à la décoration scolaire les jeunes sculpteurs, lauréats de l'Académie des Beaux-Arts, en leur commandant des bas-reliefs, des bustes, des statues.

L'exemple donné par Anvers devrait être imité par les villes où existe une académie des Beaux-Arts, une école d'arts décoratifs ou une école de dessin. La collaboration des artistes et des instituteurs, sous la direction d'administrations communales intelligentes, est particulièrement nécessaire pour orienter dans sa véritable direction l'éducation esthétique des élèves des écoles.

§ 2. — L'organisation scolaire.

Sous les administrations libérales, particulièrement sous les échevinats de MM. ALLEWAERT, VAN RYSWYCK et DESGUIN, l'enseignement communal d'Anvers s'est constamment développé et perfectionné. Quelques chiffres en montreront le rapide et constant essor. En 1818, la première école communale gratuite fut fondée; elle comptait quelques centaines d'élèves et un personnel réduit à un instituteur et à quelques moniteurs. Ce n'est qu'en 1847 qu'on ouvrit le premier cours d'adultes.

Jusqu'en 1870, le développement des écoles reste lent, pénible, l'enseignement est mécanique et verbal, les instituteurs sont surchargés d'élèves et réduits à des traitements de misère.

Ainsi en 1840, pour 78,749 habitants, il n'existait que trois écoles primaires avec 800 élèves, 9 instituteurs (un pour 88 élèves!); le budget scolaire ne s'élevait qu'à 16,571 francs : 22 centimes par habitant, fr. 20.70 par élève.

En 1870, la population de la ville atteint 135,830 habitants; il y a treize écoles primaires communales avec 7,483 élèves, 120 instituteurs (62 élèves par instituteur) ; le budget est de 215,316 francs : fr. 1.59 par habitant, fr. 27.43 par élève.

Les libéraux arrivent au pouvoir et immédiatement les progrès s'accentuent, ne s'arrêtent plus un instant, et la réaction gouvernementale de 1884 et de 1895 ne parvint pas à enrayer le mouvement. Au moment de l'Exposition universelle de 1910, Anvers, pour une population de 326,251 habitants, possède 75 écoles communales, fréquentées par 27,764 élèves, auxquels 1,057 instituteurs, institutrices, professeurs spéciaux donnent l'enseignement; le budget scolaire atteint 3,212,292 fr., fr. 9.84 par habitant; fr. 112.45 par élève. En 1870, la population des écoles communales représentait 5.5 p. c. de la population totale; en 1910, elle s'élève à 8.8 p.c.

Anvers a des jardins d'enfants nombreux et bien organisés; la méthode du grand Frœbel y est appliquée avec les perfectionnements que la pratique a indiqués. C'est au grand échevin E. Allewaert que la ville doit ces institutions qu'il créa en 1880 pour remplacer les écoles gardiennes. Il était de la race de ces échevins qui aiment leurs fonctions, s'y dévouent et étudient eux-mêmes les réformes pédagogiques; il se rendit en Allemagne et dans les Pays-Bas pour visiter les jardins d'enfants. A son retour, il envoya à l'école normale de Leyde les meilleures institutrices d'Anvers pour s'y préparer à l'application de la méthode Frœbel. La commune confia à celles-ci la direction et l'organisation des premiers jardins d'enfants, ainsi que la préparation du personnel nouveau. Ces institutions sont, à tous les points de vue, de véritables modèles.

Les services scolaires se sont multipliés au fur et à mesure des besoins. En 1882, le service d'hygiène scolaire fut créé. En 1898, le premier bureau pédologique fut fondé et la direction en fut confiée à un instituteur devenu docteur en sciences, M. Schuyten, qui depuis a organisé une série d'investigations de nature à éclairer divers problèmes relatifs à l'éducation des enfants. En 1898, la ville institua des cours primaires supérieurs (4e degré) en faveur des meilleurs élèves de ses écoles; la même année, elle créait un enseignement spécial pour les enfants arriérés et anormaux. Des cours d'orthophonie ont été établis en 1909.

L'échevin de l'instruction publique est aidé dans sa mission complexe et absorbante — 75 écoles, dont 19 jardins d'enfants, 44 écoles primaires, 4 écoles primaires supérieures, 5 instituts communaux payants, une école industrielle, un institut supérieur et une école professionnelle pour filles — par un inspecteur communal en chef, M. Van Hoof, un inspecteur, un directeur de gymnastique et un inspecteur du dessin. Il s'est assuré, depuis 1907, la collaboration du personnel enseignant pour la fondation d'un conseil de perfectionnement, dont une partie des membres est directement élue par les chefs d'école et par les instituteurs. Ce conseil étudie les questions pédagogiques, recherche les améliorations à introduire dans l'enseignement communal, examine les manuels classiques, revise les programmes, etc. Outre les trente délégués du corps enseignant, il comprend l'échevin de l'instruction publique qui le préside, les inspecteurs communaux, le directeur du service pédologique, l'architecte communal qui est chargé des constructions scolaires, l'inspecteur du bureau d'hygiène, le chef du bureau de l'enseignement. C'est un corps consultatif. Des commissions permanentes étudient des questions spéciales et font rapport à l'échevin. Les membres de ce conseil jouissent de la plus large liberté d'initiative pour introduire des questions d'ordre pédagogique qu'ils désirent voir élucider.

Le service pédologique d'Anvers est une innovation importante. L'étude scientifique de l'enfant doit devenir la base de la pédagogie contemporaine. Or, celle-ci est encore, dans la plupart des cas, fondée sur des dogmes théologiques ou sur des données métaphysiques, ce qui arrête son développement. M. l'échevin Desguin, qui est docteur en médecine, a organisé les recherches scientifiques sur le développement des enfants en fondant le bureau de pédologie, en laissant à son directeur la plus large liberté d'action et en mettant à sa disposition les écoles pour y organiser des recherches et des observations, dont les résultats sont consignés dans un annuaire : *Paedologisch Jaarboek.*

Le service d'hygiène scolaire est organisé comme celui de Bruxelles. Des salles de bains et de douches sont installées dans les écoles. Les élèves des classes supérieures suivent un cours de natation en été.

La ville vient largement en aide aux enfants nécessiteux pour leur faciliter la fréquentation de l'école. Ils reçoivent pendant l'hiver, dans les locaux scolaires, une portion de soupe et 150 gr. de pain, contre un ticket de 10 centimes vendu à la caisse communale : le bureau de bienfaisance et la caisse de secours du cercle d'instituteurs « Diesterweg » fournissent gratuitement ces tickets aux élèves.

Le « Diesterweg » est une puissante et active

association d'instituteurs communaux anversois, qui travaille avec un admirable dévouement au développement de l'enseignement public. Elle possède un organe mensuel : *Ons Woord*. Elle a fondé des colonies de vacances et créé à Heide, en Campine, une colonie permanente où chaque année des centaines de petits Anversois débiles, chétifs ou convalescents, vont vivre en plein air. La ville loue les classes de cette colonie, fournit deux instituteurs et trois institutrices, qui dirigent l'éducation et l'instruction de ces petits colons; elle alloue un subside annuel de 8,000 fr. pour les œuvres du « Diesterweg ».

Un subside de 7,000 fr. est accordé à l'Œuvre du Vêtement, qui habille les enfants pauvres fréquentant les écoles communales.

L'épargne est organisée dans les écoles, à partir de la 3e année d'études, et les élèves, à partir de la 5e année, sont affiliés à une mutualité; des sommes de dix à cinquante francs sont inscrites par la ville au livret de rente des élèves qui subissent avec succès l'examen de sortie des écoles primaires.

Le barême du personnel enseignant est l'un des plus élevés du pays. Les instituteurs des écoles primaires débutent au traitement de 1,500 fr., et, par des augmentations périodiques, arrivent à 3,200 fr. après 19 années de service; les institutrices ont de 1,200 à 2,000 fr.; les directeurs des écoles ont de 3,300 à 4,400 fr. (après 6 années), et les directrices de 2,700 à 3,800 fr. Les traitements sont plus élevés dans les écoles primaires payantes et les écoles primaires supérieures : directeur de 4,000 à 5,000 fr. (après 5 années), directrices de 3,400 à 4,500 fr. ; instituteurs de 1,600 à 3,800 fr. (après 18 années), institutrices de 1,300 à 3,800 fr. (après 17 années). Dans les jardins d'enfants, les directrices ont de 2,100 à 3,000 fr. (après 6 années), les institutrices de 1,100 à 2,000 fr. (après 16 années); les assistantes, qui se préparent à l'examen pour le diplôme, ont de 800 à 1,000 fr. (après 8 années). Les chefs d'école ont un logement gratuit, avec feu et lumière, ou une indemnité annuelle de 1,190 fr. La ville accorde à son personnel un supplément de pension à l'âge de 60 ans ; la pension est calculée par année de service à 1/50 du traitement moyen des trois dernières années, avec maximum des trois quarts de ce traitement.

Comme à Bruxelles, comme dans un grand nombre de grandes communes belges, l'instruction publique a pu se développer largement à Anvers, grâce à l'autonomie communale en matière d'instruction et à la volonté d'une population intelligente qui comprend l'importance de ce service.

Il manquait à Anvers une école normale pour la préparation du personnel enseignant. Cette lacune va être comblée : deux écoles, l'une pour instituteurs, l'autre pour institutrices vont s'ouvrir en 1911. Ainsi, Anvers pourra s'assurer la collaboration d'instituteurs et d'institutrices ayant reçu une instruction générale solide, une préparation pédagogique scientifique et une éducation morale fondée sur la liberté de conscience et la tolérance, garanties que les écoles normales de l'Etat ne présentent plus malheureusement.

V

LA COMMUNE DE LIÉGE

§ 1er. — Les écoles primaires.

Liége, capitale de la Wallonie, occupe un rang éminent parmi les cités belges. Elle a conservé toute son originalité, malgré l'apport incessant d'éléments de civilisation venant de la France, dont elle parle la langue, et de l'Allemagne, sa proche voisine. Le peuple y continue à parler un dialecte roman très coloré, très savoureux, que des poètes, des conteurs et des dramaturges du terroir cultivent avec un filial amour. Le français est la langue de culture de la ville de Liége, qui est située au point le plus septentrional de l'expansion de la civilisation latine.

La puissance industrielle de Liége s'est extraordinairement développée au cours du dernier siècle. Elle occupe le centre d'un bassin houiller qui fournit abondamment le combustible à d'innombrables usines, fabriques, ateliers où l'on travaille le fer, l'acier, le cuivre.

La masse de la population s'adonnant aux

travaux miniers et industriels, l'enseignement public a naturellement subi l'influence de ce milieu spécial. Aussi l'exposition scolaire que la ville de Liége avait établie dans un castel mosan d'architecture fine, discrète et originale, révélait-elle dans son ensemble et ses détails le caractère industriel de la région. Les documents de l'enseignement professionnel y dominaient et ceux des écoles primaires manifestaient surtout la préoccupation d'adapter l'instruction aux besoins industriels de la contrée. C'étaient, en ordre principal, des plans de causeries ainsi que des lectures expliquées, des dictées, des rédactions portant sur les sujets suivants : la houille, sa formation, sa composition, ses usages, les travaux dans la mine et à la surface du charbonnage; le fer, le haut-fourneau, le laminoir, la fabrication de l'acier, les ateliers de constructions mécaniques; les industries du zinc et du plomb; la fabrication des armes à feu; le cuir, la tannerie; les matériaux de construction; les industries du bâtiment; l'exploitation forestière et les industries du bois; le caoutchouc et ses usages; les industries textiles : lin, laine, coton, soie; la savonnerie; la confection des vêtements; les industries alimentaires; la floriculture, etc.

Un certain nombre de ces leçons données en classe sous forme d'entretiens suivis de dictées, de lectures, de rédactions, étaient complétées par des excursions scolaires, des visites au musée d'armes, aux écoles professionnelles de mécanique, d'armurerie, à une briqueterie, une boulangerie, une fabrique d'eau gazeuse, une brasserie, une fabrique de produits réfractaires, une fonderie, une forge, une carrière, une glacerie, une houillère, une ancienne buré, aux musées d'art et aux monuments de la ville; plus quelques périgrinations de plus longue durée dans les vallées de la Meuse, de l'Ourthe, de la Vesdre, de l'Amblève, du Geer, à Maastricht, à Bruxelles, à Anvers, à Namur, à Dinant, à Spa, à la Gileppe, à la Baraque Michel, etc.

Nous constatons à regret que les notions sur les industries sont enseignées à Liége suivant la soi-disant méthode occasionnelle en cours concentriques, les mêmes sujets étant traités dans les diverses années d'études. Nous avons démontré plus haut que cette méthode est artificielle et qu'elle prête à des développements de pur verbalisme. Comment l'a-t-on laissé pénétrer dans les écoles liégeoises? Ce sont les inspecteurs de l'Etat, agissant sous le mot d'ordre venant du ministère, qui l'ont imposée. Un retour à une conception plus exacte du but éducatif de l'enseignement primaire s'impose. Les leçons sur les industries sont complexes et difficiles; il ne suffit pas que l'instituteur décrive celles-ci, même en s'aidant de dessins, d'estampes, de photographies pour que les élèves les comprennent. Les conduire dans les établissements industriels, leur montrer les matières et les produits fabriqués, les faire assister aux diverses opérations, est une bonne méthode, mais à la condition que les élèves aient été préparés à comprendre ce qu'ils voient, par un enseignement expérimental suffisant sur les phénomènes physiques, chimiques, biologiques, qui sont impliqués dans les transformations que l'on fait subir aux matières premières.

Il faut donc organiser dans l'école primaire, depuis la classe inférieure, un enseignement gradué et progressif sur les phénomènes et les êtres de la nature, et réserver les industries complexes pour les classes du 3e et du 4e degré.

A Liége, les travaux manuels ont été introduits dans les classes du 1er et du 2e degré sous la forme de manipulations du papier et du carton. C'est un début, mais c'est insuffisant pour la culture. On devrait ajouter le modelage et au 3e et au 4e degré le travail pédagogique du bois et du fer. Cette réforme est facile à réaliser aujourd'hui, car les programmes, la méthode, les procédés de l'enseignement des travaux manuels ont été fixés par des expériences poursuivies depuis un grand nombre d'années à l'étranger, en Suède, en Allemagne, en Amérique, ainsi que dans les écoles normales et primaires de Bruxelles, au 4e degré de Saint-Gilles, ailleurs encore. Les travaux manuels éducatifs sont à l'école primaire le développement naturel des occupations du jardin d'enfants. Il ne peut y avoir deux pédagogies contradictoires, l'une pour le jardin d'enfants, l'autre pour l'école primaire; les mêmes principes doivent pénétrer tout l'enseignement : l'*intuition* et l'*activité*, qui s'opposent au *verbalisme* et à la *passivité* de la pédagogie scolastique d'antan. Et c'est le jardin d'enfants frœbelien qui doit faire pénétrer l'esprit de sa méthode dans l'enseignement primaire.

§ 2. — L'Institut Frœbel.

A ce point de vue, Liége se trouve dans des conditions spécialement favorables. Cette ville possède un Institut Frœbel préparant le personnel enseignant pour ses vingt jardins d'enfants qui sont fréquentés par 2,931 élèves. M. Henaux, échevin de l'instruction publique, fonda en 1861 le premier jardin d'enfants; il fut dirigé par Mlle Octavie Masson qui y appliqua la méthode Frœbel à laquelle elle initia les institutrices gardiennes. Six ans plus tard, en 1867, l'échevin de l'instruction publique, M. Hanssens, introduisit officiellement cette méthode dans toutes les écoles gardiennes liégeoises.

L'Institut Frœbel reçoit des jeunes filles de seize ans au moins qui se destinent à la fonction de jardinières d'enfants. Le personnel enseignant comprend la directrice, qui inspecte tous les jardins d'enfants de Liége, et enseigne la pédagogie et la méthodologie; une régente donnant les cours de français, d'arithmétique, d'histoire, de géographie, et quatre professeurs spéciaux de sciences, de musique, de dessin, de gymnastique. Les exercices pratiques se font dans un jardin d'enfants annexé à l'Institut; les élèves de la première année sont mêlées à la vie des enfants pendant les récréations et les leçons démonstratives qui servent à leur faire connaître la méthode; en deuxième année, elles s'exercent à la pratique de la méthode, en donnant quelques leçons chaque semaine. Les deux années d'études se terminent par un examen. On distribue en moyenne vingt diplômes par année. Ce chiffre dépasse les besoins de la localité; l'Institut forme aussi le personnel des jardins d'enfants de l'agglomération liégeoise.

§ 3. — **Les Ecoles normales primaires.**

L'enfant liégeois de trois à six ans se développe intégralement dans le milieu plein de vie du jardin d'enfants en exerçant ses facultés par des jeux et des occupations variées et systématiquement réglés, mais dès qu'il entre à l'école primaire, il est soumis à une discipline tout autre; la rupture est complète, la contradiction absolue; il se développait jusqu'ici par l'action, maintenant l'action est réduite au minimum : il doit écouter et répéter ce qu'il a entendu; le dessin, les travaux manuels, les exercices intuitifs n'occupent plus qu'une partie très réduite de son activité; même au troisième degré, les travaux manuels disparaissent.

D'où vient ce manque de liaison entre les deux enseignements, qui se constate aussi dans un grand nombre de communes? Il est dû à l'inspection et à l'enseignement normal primaire. Le personnel des écoles primaires reçoit encore une préparation professionnelle dans des écoles normales de l'Etat où les méthodes intuitives et actives n'ont pas pénétré assez profondément, tandis que le personnel des jardins d'enfants est initié directement aux procédés de Frœbel. Depuis 1884, la pédagogie des écoles normales a reculé vers la vieille scolastique.

La réforme de l'enseignement normal est urgente. On ne peut l'attendre du gouvernement actuel; les dirigeants officiels de la pédagogie ne sont pas dans le courant scientifique.

Les grandes communes ne peuvent échapper à l'action régressive de l'enseignement normal de l'Etat qu'en organisant elles-mêmes des écoles normales. C'est ce qu'a fait la ville de Liége qui, en 1910, a ouvert deux écoles normales, l'une pour instituteurs, l'autre pour institutrices. C'est par ces écoles que la réforme pédagogique se fera, malgré des obstacles nombreux qu'il faudra briser, aplanir ou contourner. Bruxelles, Liége, Anvers, Gand et les provinces de Hainaut, de Brabant et de Liége, ont compris que l'intérêt de la civilisation exige un grand effort pour élever l'école publique à la hauteur du progrès pédagogique moderne. On ne saurait assez les en louer.

§ 4. — **Statistique.**

Liége possède 38 écoles primaires fréquentées par 11,074 élèves (5,943 garçons, 5,131 filles), plus 5 instituts ou écoles payantes, 2 de garçons (262 élèves) et 3 de filles (294 élèves), 4 classes du 4e degré (76 élèves), 2 écoles ménagères (59 élèves), 28 écoles d'adultes (2,556 élèves); 20 jardins d'enfants (2,921 élèves). Au total 97 écoles et 17,243 élèves.

L'enseignement moyen y est représenté par un athénée royal (630 élèves), une école moyenne de garçons (640 élèves), un institut supérieur de filles (207 élèves).

Liége a largement développé les institutions pour la préparation des jeunes gens et des jeunes filles aux diverses professions. Elle a fondé 10 écoles professionnelles comptant 1,086 élèves : tailleurs, horticulteurs, armuriers, tourneurs, mécaniciens, peintres en bâtiments, plombiers, menuisiers, cigariers, cordonniers; une école industrielle (771 élèves), une école moyenne professionnelle de filles (630 élèves), une école professionnelle de jeunes filles (275 élèves), une école de travaux publics (110 élèves), un cercle polyglotte et d'études commerciales (866 élèves). Elle a organisé des cours de langue allemande : 8 classes avec 246 filles et 11 classes avec 366 garçons; de langue néerlandaise : 8 classes avec 180 filles et 10 classes avec 245 garçons.

Chaque année, la ville envoie pendant les vacances les élèves les plus débiles en colonie pendant une quinzaine de jours, sous la surveillance d'instituteurs et d'institutrices. En 1909, les colonies de Franchimont et de Jehauster ont reçu huit groupes comptant en tout 764 personnes. Les maîtresses des écoles ménagères sont chargées du service de la cuisine de ces colonies. La population liégeoise contribue au développement de l'œuvre des colonies scolaires; le comité de celle-ci recueille les fonds par des fêtes diverses, la ville accorde un subside de 12,000 francs et la province un subside de 3,155 francs.

Le service de la soupe est organisé dans les écoles. En 1907-1908, d'octobre à août, pendant 102 jours, on a distribué 122,782 litres de soupe, en 232,834 portions, à 11,427 élèves (environ

2,000 par mois). La dépense s'est élevée à fr. 18,253.21.

Notons encore que les élèves des écoles primaires, au nombre de 6,858, ont épargné, en 1909, une somme totale de fr. 372,802.11.

Ainsi, l'enfant du peuple, à partir de trois ans, trouve à Liége des écoles pour se développer et, après les écoles primaires, il peut se préparer à la vie par un enseignement professionnel de choix, tout en complétant ses cultures intellectuelles dans les cours d'adultes et par la fréquentation des bibliothèques populaires établies dans les divers quartiers.

VI

L'ENSEIGNEMENT SUPÉRIEUR

§ 1. — L'Allemagne.

Faute de place, les instituts d'enseignement supérieur, ainsi que le vaste ensemble d'écoles spéciales techniques, commerciales, agricoles, etc., de l'Allemagne, n'étaient pas représentés à l'Exposition universelle. Et c'était vraiment dommage, car en ce domaine, ce pays peut donner plus d'un exemple au monde civilisé. Cependant on pouvait consulter des documents intéressants sur le haut enseignement dans le hall décoré du nom de *Kultus*, où les bibliothèques et le bureau officiel de renseignements de l'université de Berlin étaient réunis.

Les universités allemandes ont pour caractéristique d'être des établissements jouissant d'une large autonomie, de posséder à côté des professeurs ordinaires des *privat-docenten* qui, sous certaines conditions, sont admis à donner des cours, les étudiants ayant la liberté du choix entre l'enseignement des premiers et celui des seconds ; de ne délivrer que des diplômes scientifiques, le gouvernement se réservant le droit régalien de faire subir aux docteurs des universités des examens spéciaux pour leur conférer le droit de pratiquer les arts libéraux, droit, médecine, professorat.

L'Université a donc pour mission essentielle de préparer directement non des professionnels, mais des savants ou tout au moins des hommes armés pour l'étude de la science. Dans la plupart des universités allemandes, une réforme profonde s'est accomplie par étapes : les cours *ex-professo* exposés verbalement en chaire ou au moyen de lectures de cahiers ou de traités autographiés ou imprimés, ont été remplacés par des enseignements plus efficaces, donnés dans des laboratoires et des bibliothèques, les étudiants étant exercés principalement à la méthode de recherche personnelle. On ne les bourre plus, en vue d'examens encyclopédiques et purement verbaux, de multiples notions de seconde main acquises par l'audition de cours avec prise de notes et par la répétition de textes *ne varietur*. Le maniement des méthodes de recherche, le travail personnel dans le laboratoire et les bibliothèques sont devenus les occupations principales des étudiants qui, au sortir de l'université, sont capables de continuer leur propre culture parce qu'ils ont appris à apprendre par eux-mêmes.

Longtemps les universités allemandes ont refusé d'admettre les femmes. Nous avons déjà dit que celles-ci ont aussi été systématiquement écartées des fonctions pédagogiques primaires et secondaires. Mais depuis 1908, elles peuvent suivre les cours des facultés : cette année 1,432 femmes s'inscrivirent dans les vingt-et-une universités de l'Empire ; il y en avait 1,856 l'année suivante. Nous avons dit déjà que des établissements spéciaux d'enseignement secondaire ont été ouverts pour elles. Un décret du 3 août 1909 a créé le diplôme d'*Oberlehrerin* qui permet à celles qui le possèdent, de professer dans les écoles d'enseignement secondaire.

Il ne paraît pas douteux que dans l'avenir les femmes joueront un rôle de plus en plus important dans l'enseignement en Allemagne.

Un certain nombre d'universités ont, depuis des années, créé des cours de vacances fréquentés par des étrangers et par des Allemands, surtout par des professeurs d'écoles normales, d'écoles d'enseignement secondaire et par des instituteurs et des institutrices primaires. Ils entretiennent chez les uns le goût des études supérieures, fournissent aux autres des éléments scientifiques qu'ils n'ont pas reçus dans les écoles qu'ils ont fréquentées ; ils donnent aux étrangers l'occasion de connaître les méthodes et les sciences universitaires et de s'exercer à la langue allemande. Les professeurs y enseignent librement, sans se préoccuper d'affirmer des tendances quelconques ; c'est la propagation de la science désintéressée qu'ils poursuivent. Ces cours sont extrêmement variés, leurs programmes sont formulés par les professeurs eux-mêmes et changent d'année en année : ils traitent les sujets qui intéressent et qu'ils jugent utile de faire connaître. On fait aussi appel à des professeurs étrangers, et, signe des temps, à des membres de l'Université de France qui donnent des cours généralement très suivis par un public composé de professeurs et d'instituteurs allemands. Les cours ne se donnent pas nécessairement dans les locaux mêmes des universités : il arrive qu'ils se transportent dans les villes éloignées des centres où existent des facultés ; c'est une espèce de colonisation à l'intérieur, une extension universitaire portant la lumière dans les milieux où elle n'a pas de foyers permanents.

Les professeurs d'enseignement secondaire sont préparés dans les universités où ils font des études jusques et y compris le doctorat et où ils suivent des cours de pédagogie; ils passent ensuite un examen d'*Oberlehrer*, dont le diplôme ouvre l'accès de la profession pédagogique. Jadis, celle-ci était le monopole des théologiens, qui fatalement, étant donnée leur culture unilatérale, arrêtaient l'essor de l'enseignement moyen et normal. Herbart, Diesterweg combattirent énergiquement ce système arriéré et funeste ; le second libéra l'école primaire, le premier créa l'école normale supérieure dans l'université, avec école d'application.

Les étudiants allemands qui préparent leur thèse de docteur, peuvent compléter leurs études dans des facultés à l'étranger, pendant deux semestres sur neuf. On a reconnu l'excellence de ce système, déjà recommandé au XVIe siècle par Montaigne, l'ennemi de la science « livresque », le précurseur de l'éducation moderne qui préconisait « la visite des païs estrangiers... pour en rapporter principalement les humeurs de ces nations et leurs façons, et pour frotter et limer nostre cervelle contre celle d'aultruy ».

Les *Oberlehrer* ayant fourni la preuve qu'ils possèdent suffisamment le français, sont envoyés en France où ils sont chargés dans certains lycées, pendant une période de six mois à un an, d'exercices pratiques de langue allemande avec les élèves, tandis que, par un système d'échange, des licenciés français se rendent dans des gymnases (lycées) et des realschule en Allemagne pour organiser des exercices de français. Ce système est officiellement organisé, depuis le 27 mars 1905, par un accord intervenu entre les deux gouvernements et dû à l'initiative de l'Université de France. On ne peut qu'applaudir à une semblable organisation internationale, excellente pour la formation intellectuelle et morale des futurs professeurs des deux grandes nations et particulièrement de nature à les unir dans le culte de la science, ce qui ne peut que favoriser le mouvement pacifiste et par conséqueut les véritables intérêts de la civilisation.

§ 2. — La Belgique.

L'exposition des universités belges était essentiellement documentaire et historique; elle renseignait très complètement sur l'évolution de l'enseignement supérieur. Louvain rappelait l'histoire de la vieille université médiévale fondée en 1426 par JEAN IV, duc de Brabant, et approuvée par le pape MARTIN V qui la considérait, à juste titre, comme la forteresse de la scolastique et des doctrines orthodoxes dans les Pays-Bas. La révolution française la fit disparaître en 1797.

Quelques rares documents sur l'Académie et l'école de droit de Bruxelles sous le Consulat et l'Empire montraient l'état misérable de l'enseignement supérieur pendant cette période dans les départements belges annexés.

Gand, Liége, Louvain étalaient les décrets de fondation, sous GUILLAUME Ier, en 1817, des trois universités de l'Etat qui détinrent jusqu'en 1830 le monopole de l'enseignement supérieur. Tous les cours se donnaient en latin et c'est dans cette langue que les étudiants devaient répondre aux examens, — même pour le droit français.

La révolution de 1830 porta un coup funeste à tout l'enseignement en Belgique et particulièrement aux universités : elles perdirent d'éminents professeurs qui retournèrent dans les provinces du Nord, furent désertées par de nombreux élèves et se virent mutiler par le gouvernement qui les laissa péricliter.

LESBROUSSART et ROGIER voulaient créer une seule université dont les facultés seraient établies à Bruxelles (médecine), à Gand, à Liége et à Louvain. Ce projet n'aboutit pas.

Sous le ministère de M. DE THEUX, les évêques profitèrent de la liberté illimitée de l'enseignement décrétée par la Constitution de 1831, en fondant l'université catholique à Malines (1834), qui l'année suivante alla s'installer à Louvain dans les locaux communaux abandonnés par l'université de l'Etat. La loi de 1835 venait, en effet, de réduire à deux les universités de l'Etat, celles de Gand et de Liége. Une association se constitua immédiatement à Bruxelles pour fonder une université basée sur le libre-examen, l'autonomie de la science, l'indépendance des professeurs; c'était la réponse à l'épiscopat dont l'université avait un caractère nettement confessionnel subordonnant la science au dogme catholique.

Depuis 1835, l'enseignement universitaire a été représenté par ces quatre institutions. La cinquième université, fondée à Bruxelles en 1894, sous le titre l'*Université nouvelle*, n'avait pas exposé de documents.

Dans la pratique, la liberté de l'enseignement proclamée par l'article 17 de la Constitution, n'a pas été absolument respectée par la loi de 1835, qui imposait un programme minimum à toutes les universités et obligeait les étudiants à se présenter devant un *jury central*, nommé par le gouvernement pour obtenir les grades académiques. Ce système fut violemment attaqué, surtout par les professeurs des deux universités libres; il se maintint jusqu'en 1849, date de la revision de la loi : le jury central fut remplacé par le *jury combiné*, composé par moitié de professeurs des universités libres et de professeurs de l'Etat, et présidé par un homme n'appartenant pas à l'enseignement supérieur; le programme subit aussi quelques modifications. Le jury central était maintenu pour les élèves libres.

Ce nouveau système ne parut bientôt pas meilleur que l'ancien et ne contenta personne. La loi de 1857 créa des cours à certificats et conserva le jury combiné pour les cours principaux. Les professeurs constatèrent un abaissement du niveau des études, la plupart des étudiants négligeaient les cours à certificats, sur lesquels le jury ne les interrogeait pas.

En 1875, le ministre de l'intérieur, M. Delcour, déposa un projet de loi supprimant les certificats, mais maintenant le jury combiné. M. Frère-Orban attaqua vigoureusement toute l'organisation universitaire. « On affirme, disait-il, la liberté d'enseignement et, par voie de conséquence, la liberté des études. On nie ces libertés en imposant, par la loi, un programme officiel de l'enseignement et en organisant une série d'épreuves officielles pour constater que les prescriptions de la loi ont été régulièrement suivies... Il n'y a plus de maîtres, plus de disciples... L'examen, voilà le but suprême ! Il s'agit bien de la science, de l'esprit littéraire ou philosophique, du beau, du bien, du vrai ! Il s'agit d'aller se faire examiner par des professeurs rivaux, par des professeurs d'établissements concurrents, par des professeurs ennemis les uns des autres. Voilà le système ! » Il constatait que les jurys combinés avaient été souvent témoins « de collisions et de collusions », et proposait de laisser aux universités le droit de constituer librement leurs jurys et de délivrer elles-mêmes les diplômes académiques, sous certaines garanties. L'admission dans les universités avait été jusqu'à cette époque subordonnée à un examen d'état, le graduat ; il proposait de supprimer celui-ci et de laisser les universités libres à cet égard. « Nous aurons ainsi, disait-il, affranchi l'enseignement de la servitude qui l'oppresse aujourd'hui ; nous aurons acquis la liberté des méthodes, la liberté de la recherche scientifique et, ce qui est plus précieux aussi, la liberté des études. »

La loi du 20 juin 1876 consacra ces principes.

Les universités acquirent le droit de constituer leurs jurys d'examens et de délivrer des grades académiques; mais ceux-ci, pour être légaux, doivent être entérinés, c'est un contrôle gouvernemental à peu près illusoire. Cependant un minimum de matières fut fixé par la loi pour chaque examen : la liberté n'était donc pas aussi complète que le désirait M. Frère-Orban.

On doit reconnaître que c'est surtout depuis le vote de cette loi que l'enseignement universitaire a pris un développement de plus en plus considérable. Elle a été favorable incontestablement à la liberté des méthodes et à la recherche scientifique, qui existaient cependant avant 1876, mais à un moindre dégré. Quant à la suppression des cours à certificats, ce fut un bien.

La loi de 1890 renforça considérablement les programmes minima obligatoires de l'enseignement supérieur; cependant les universités y ont ajouté encore de nouvelles matières, car, depuis 1835, elles peuvent délivrer des diplômes scientifiques ne conférant aucun droit en Belgique. Quelques chiffres montrent les grands progrès accomplis de 1835 à 1905. En 1835, dans les quatre universités, on comptait pour toutes les facultés 216 cours; en 1905, il y en avait 1352 !

Cette multiplication de cours n'est pas le seul phénomène que révélaient les documents exposés. Il en est d'autres qui doivent être signalés. Un des plus frappants, c'est le développement énorme des études scientifiques et techniques, correspondant aux besoins toujours grandissants de nos grandes industries.

En 1849, on comptait 100 étudiants dans les

facultés techniques et les écoles spéciales, 297 dans les facultés scientifiques; en 1908, ces chiffres s'élevaient à 2,299 et 1,536. Le nombre d'étrangers fréquentant ces facultés est considérable.

Dans toutes les facultés, les méthodes d'enseignement se sont transformées profondément. Pendant la première période, on enseigna *ex cathedra;* l'université se composant d'une série d'auditoires dans lesquels les professeurs développaient oralement et souvent dictaient leurs cours, les étudiants prenaient des notes rapides, ou se procuraient les cahiers d'anciens élèves, ou achetaient les cours autographiés ou imprimés des professeurs. Les démonstrations pratiques étaient rares, on ne possédait ni laboratoire, ni collections de modèles d'échantillons, on ne faisait pas d'excursions. La préparation aux examens était affaire de pure mémoire verbale : les étudiants se surmenaient à apprendre par cœur notes, cahiers ou manuels. L'examen était un interrogatoire devant un aéropage siégeant autour d'une table couverte d'un tapis vert. Pour réussir, il fallait savoir répéter imperturbablement les textes des maîtres.

Peu à peu, des professeurs ont modifié ce système et cherché à exercer les élèves à la recherche scientifique, à la pratique des laboratoires. Kékulé ouvrit en 1862 un cours facultatif de chimie pratique et de manipulations, dans la faculté des sciences, à Gand; en 1870, R. Boddaert fit des démonstrations microscopiques dans le cours de candidature en médecine. Ce sont les premières tentatives sérieuses de l'espèce. Depuis on a créé des séminaires d'histoire, de philologie, pour exercer les étudiants à la méthode. Le fractionnement des doctorats a permis de donner un caractère pratique aux divers cours des facultés de philosophie et de sciences.

Cette tendance à l'introduction de la méthode de travail personnel dans les séminaires et les laboratoires exigeait, pour se réaliser, une transformation des locaux et du matériel. Les bâtiments furent d'abord des auditoires juxtaposés, avec des bancs pour les étudiants, une chaire pour les professeurs, une table sur laquelle parfois ceux-ci faisaient une expérience que les auditeurs les plus proches étaient seuls à pouvoir observer, un tableau noir complétait ce mobilier rudimentaire. La bibliothèque, plus ou moins classée, était souvent installée à l'étroit dans des locaux étriqués. Que de changements depuis une trentaine d'années! Les villes de Gand et de Liége doivent, d'après la loi, faire les frais des locaux et du matériel; elles n'auraient pu, sans se ruiner, pourvoir aux besoins de l'enseignement universitaire moderne. M. Van Humbeéck, ministre de l'instruction publique, proposa et obtint l'intervention de l'Etat dans les dépenses.

« L'Université de Liége étouffe dans son étroite enceinte », avait dit le recteur en 1877, et, la même année, l'administrateur-inspecteur de Gand signalait l'insuffisance des locaux et du matériel.

M. P. Van Humbeéck dérogea courageusement à la loi organique sur l'enseignement supérieur et obtint des Chambres législatives, par la loi du 4 août 1879, un crédit de 4,500,000 francs pour aider les communes de Liége et de Gand à pour voir aux installations matérielles des universités de l'Etat.

Depuis cette époque, environ dix-sept millions ont été consacrés à cet objet (1).

Gand a vu édifier un magnifique institut des sciences pour ses écoles du génie civil et des arts et manufactures, un laboratoire électro-technique, un institut expérimental de mécanique appliquée, un institut d'hygiène, de bactériologie et de médecine légale, avec des laboratoires, des auditoires, une bibliothèque spéciale, des locaux pour la sérothérapie, la zymotechnie, la microbiologie, la pharmacodynamie et la physiologie, un institut de botanique, un institut clinique et policlinique.

Liége est devenu un type réussi d'université dispersée, par la création d'un institut astrophysique sur le plateau de Cointe, des instituts d'anatomie et de physiologie, de zoologie, de chimie, de botanique, de pharmaceutique, un laboratoire de mécanique appliquée, un institut d'électro-technique dû à la munificence de M. Montefiore-Levy et doté par sa veuve, née Bischoffsheim.

Les deux universités libres ont aussi développé leurs installations, bien qu'elles ne jouissent pas encore de la personnalité civile (2). Quelques mécènes se sont honorés en les aidant à mettre leurs locaux et leurs laboratoires à la hauteur des besoins modernes.

---

(1) Etat : fr. 14,461,836.86 ; Gand : fr. 1,004,027.96 ; Liége : fr. 859,644.44 ; legs A. Renier (Gand) : fr. 528,698.02 ; total : fr. 16,854,207.28 (de 1879 à 1905).

(2) La loi leur accordant la personnalité civile vient d'être votée (1911).

M. Leo Errera créa l'institut de botanique de Bruxelles et l'illustra par son enseignement et par ses travaux personnels.

M. E. Solvay fonda, en 1889, à l'Université libre le laboratoire d'électro-physiologie, placé sous la direction de M. le Dr Héger, innovation importante, car cette institution permet à des savants de faire des recherches personnelles de science pure.

En 1893, sur un terrain appartenant à la ville et situé au Parc Léopold, ce laboratoire devenu l'institut de physiologie fut inauguré; et en 1895 un institut universitaire pour l'enseignement expérimental de la physiologie y fut annexé.

Dans le voisinage, l'institut d'hygiène et de bactériologie a été édifié par MM. G. Brugmann, F. Jamar, Lambert, A. Solvay, ainsi que l'institut d'anatomie dû à M. R. Warocqué avec le concours de la ville.

En 1901, M. E. Solvay fondait l'institut de sociologie et, en 1903, l'école de commerce. Il exprimait en ces termes le but élevé et désintéressé qu'il poursuivait :

« Mon but a été humanitaire; j'ai voulu travailler dans la mesure de mes forces à la réalisation de cette espérance qui illumine et féconde toute recherche scientifique : l'augmentation de la somme de vie, l'augmentation du rendement énergétique de l'homme.... La physiologie est la première des sciences sociales : elle nous fait connaître l'homme, elle nous renseigne sur la source de son énergie, elle nous permet de mettre en lumière les phénomènes physiques qui sont la base de son intellectualité, et, en nous révélant les lois de l'organisme humain, elle nous montre ce que nous devons faire pour améliorer l'organisme social. » Ce plan de recherches répondant à la formule d'A. Comte : « *Savoir pour pouvoir et pourvoir* », solidarise les efforts des savants suivant un plan défini, pour résoudre scientifiquement le problème social, le plus complexe et le plus urgent.

Louvain a eu aussi des mécènes qui lui ont permis de consolider ses installations universitaires, par la fondation des instituts de bactériologie, de zoologie, d'anatomie, d'histologie, de chimie physiologique, de microscopie; le pape Léon XIII y a créé un institut pour l'enseignement de la philosophie thomiste (1894).

L'Université libre a ouvert ses portes aux femmes, dès 1880; la loi du 10 avril 1890 leur a reconnu le droit d'obtenir les grades académiques et d'exercer la médecine et la pharmacie. Cette mesure ne produira tous ses effets que lorsqu'un enseignement moyen préparatoire à l'université sera sérieusement organisé pour les jeunes filles (1). Cette loi a consacré la division du doctorat en philosophie et lettres en cinq doctorats spéciaux : philosophie, histoire, philologie classique, romane, germanique, et celle du doctorat en sciences naturelles en quatre : zoologie, botanique, minéralogie, chimie. Cette spécialisation a permis de donner plus de profondeur et un caractère plus scientifique à ces enseignements. La tendance à créer des doctorats spéciaux s'est souvent

(1) La ville de Bruxelles a organisé cet enseignement dans ses cours d'éducation pour les jeunes filles.

manifestée au cours de ces dernières années; il en existe actuellement pour les sciences politiques, administratives et sociales (1893), les sciences physico-chimiques (1894), les sciences commerciales et consulaires (1896); le doctorat en géographie mit cette science à sa véritable place parmi les sciences naturelles; on a créé aussi les grades d'ingénieur géologue, d'ingénieur électricien, le doctorat en art et archéologie (Liége 1900), le doctorat en éducation physique (Gand 1906), pour n'en citer que les principaux.

Nos quatre universités sont devenues au cours des trente dernières années des institutions logées dans de vastes édifices et richement outillées. Le nombre d'étudiants s'accroît sans cesse dans de fortes proportions et les laboratoires deviennent rapidement insuffisants. En 1840, il y avait 1,496 étudiants, soit 37 pour 100,000 habitants; en 1908-1909, on en comptait 7,262, c'est proportionnellement près du triple. Nous l'avons déjà dit, c'est la faculté technique avec les écoles spéciales et les sciences qui forment la grosse partie de ce contingent : à Liége, 71 p. c. de l'effectif total, à Gand, 60 p. c., à Bruxelles, près de 50 p. c. A Louvain, c'est le droit qui l'emporte. Partout les facultés de philosophie et lettres ne se développent que très peu relativement aux autres. Par contre, la médecine a vu sa population s'accroître fortement à Bruxelles, à Liége et à Gand.

Telles sont, en résumé, les principales caractéristiques de l'enseignement supérieur belge mises en évidence par les documents exposés dans les quatre compartiments universitaires. Les critiques sérieuses souvent faites à l'organisation de nos facultés avaient été naturellement passées sous silence.

Les expositions, quand elles ne sont pas des mensonges officiels, — comme celle de l'enseignement primaire et de l'enseignement normal de l'Etat — ne présentent qu'une face de la vérité : le revers de la médaille est dissimulé. C'est ce revers que nous allons montrer, tout au moins dans ses traits essentiels.

Nous avons constaté que la tendance générale de la réforme des études universitaires consiste à exercer les élèves à travailler par eux-mêmes dans les séminaires, les laboratoires, les bibliothèques, suivant le précepte de Kant : « Agir et faire agir... Le meilleur moyen de comprendre, c'est de faire ».

Deux obstacles entravent cependant l'application de cette réforme : des programmes encombrés de théories et de détails inutiles que les élèves doivent retenir pour pouvoir les reproduire à l'examen, et le trop grand nombre d'étudiants inscrits pour suivre les cours de certains professeurs.

L'exposé verbal entraîne le professeur à étendre inutilement son programme, tandis que les exercices pratiques l'obligent à se restreindre à l'essentiel. Mais comment organiser ceux-ci quand le professeur doit enseigner à un trop grand nombre d'élèves surchargés de cours au point de n'avoir pas le temps de faire des travaux de laboratoire ?

Voici un exemple typique : à Liége existe un laboratoire de mécanique appliquée dont la nécessité a été mise excellemment en relief par M. Hubert qui donne ce cours : « La mécanique appliquée est la physiologie des machines et pour elle comme pour celle des êtres vivants, le laboratoire est le complément indispensable de l'enseignement du professeur. C'est là seulement que l'élève se formera l'œil et la main, qu'il acquerra cette connaissance intime des forces naturelles qu'il sera appelé plus tard à mettre en œuvre, qu'il s'habituera à la critique fondée non sur des idées préconçues mais sur des faits avérés. Son caractère et son jugement s'y mûriront, obligé qu'il sera de s'astreindre à des observations consciencieuses, à les coordonner, à en déduire les conséquences. C'est là qu'il apprendra à connaître réellement, à posséder la théorie qui ne doit être que la systématisation des faits expérimentaux dans un système scientifique ».

M. Deschamps disait en 1893 : « La création de laboratoires de mécanique appliquée réaliserait sans doute un progrès considérable, mais ces laboratoires ne rendront les services qu'il est permis d'en attendre que le jour où les élèves pourront y passer assez de temps pour s'y livrer à des travaux sérieux. »

Que se passe-t-il en réalité? Les futurs ingénieurs ne peuvent consacrer que trois après-midi à quelques essais sur la machine à vapeur et à quelques exercices de stabilité des matériaux. Dans les universités américaines, l'étudiant mécanicien a plus de trois cents heures (à Ithaca, 324 heures), de travaux effectifs dans le laboratoire de mécanique, sous la direction d'assistants habiles et zélés ; il ne peut obtenir le diplôme que s'il a démonté et remonté les organes principaux d'un moteur à vapeur et s'est rendu compte les outils à la main de tous les mécanismes en détail.

Citons encore un exemple : le cours de métallurgie se donne sans laboratoire; or, le cours de métallurgie du fer et l'exploitation des mines doivent comporter des *exercices pratiques* qui ne sont pas organisés. Aucune expérience, aucun projet ne sont réalisés. Pour être en règle avec la loi, le professeur doit faire faire des exercices pratiques le jour de l'examen; comme les étudiants n'en ont jamais fait, les résultats sont naturellement piteux; mais la face est sauve et le diplôme porte « exercices pratiques » !

En Belgique, l'ingénieur qui sort de l'université possède de nombreuses théories, mais il n'a pas acquis l'esprit pratique à un degré suffisant. Des réformes urgentes s'imposent : simplifier les programmes en élagant les détails inutiles, consacrer plus de temps à la pratique, doubler, tripler, quadrupler même le nombre de professeurs et d'assistants lorsque le nombre d'étudiants pour un même cours est trop considérable pour que la pratique puisse être efficacement organisée. Conçoit-on qu'il existe des professeurs qui doivent enseigner des branches à caractère expérimental et pratique à plus de cent étudiants? C'est le cas notamment dans les écoles techniques de Liége.

Les excursions, qui sont des études faites dans les grands laboratoires de la nature et de l'industrie sont organisées dans les diverses facultés. Mais trop souvent, faute d'entente entre les professeurs, elles ne donnent pas de résultats sérieux.

M. Harmant a caractérisé celles de la faculté technique de Liége en ces termes sévères, mais justes :

« Excursions courantes, insuffisamment préparées où l'on est trop nombreux pour comprendre les explications hâtivement égosillées, au milieu des poutres et du sifflement de la vapeur ; visites au cours desquelles quelques rares privilégiés, ceux qui sont tout près du cicerone, ont compris quelque chose tout juste assez pour bâcler un vague rapport qui sera passé à titre de bonne camaraderie aux autres qui n'ont rien compris. »

Voici, à titre d'exemple, le tableau des excursions de l'Université de Liége pour la 2e année technique, en 1908-1909 :

« Mardi 1er juin : Valenciennes, charbonnage ; mercredi 2 juin : Lens, charbonnage ; jeudi 3 juin : Mons, atelier Léonard ; Marchienne, usine de la Providence ; vendredi 4 juin : Thuin, La Louvière, Mariemont ; samedi 5 juin : Moustier, acide sulfurique, glacerie ; lundi 7 juin : Esch-sur-Alzette, aciérie ; mardi 8 juin : Rodange et Mont-Saint-Martin ; jeudi 10 juin : Merxem, fonderie. »

Un pareil programme est insensé, on dirait l'itinéraire d'une course d'automobiles ! Il est impossible que des étudiants suivent cette série d'excursions. Aussi n'y en eut-il que 67 des mines qui se rendirent à Valenciennes et bientôt l'excursion tourna à la débandade. Du 8 au 10, les élèves des mines, d'électricité, de mécanique, d'arts et manufactures ne suivirent les excursions qu'en nombre infime ; c'était la débâcle.

Les jeunes gens ne sont guère disposés à se

soumettre au surmenage d'un pareil programme d'excursions. Ajoutons que les dépenses sont excessives; les professeurs sont largement indemnisés, mais les élèves doivent payer tous les frais. Ceux-ci ne devraient-ils pas être prélevés, tout au moins en partie, sur le minerval ou supportés par le budget de l'Université?

Les examens universitaires sont encore la terreur des bons étudiants, qui doivent s'y préparer par des répétitions surmenantes. Ils ont, en effet, la forme d'interrogatoires et se font à dose massive, l'élève ayant à répondre sur la matière de cours nombreux. Il s'y présente dans les plus mauvaises conditions physiologiques et psychiques, épuisé, énervé, craignant d'oublier des détails vingt fois répétés cependant, mais qu'il ne retrouvera pas au moment apportum.

Ce sont de terribles épreuves, dangereuses pour la santé de ceux qui doivent les subir et qui ne permettent pas aux jurys d'émettre des jugements équitables, car ils ne peuvent tenir compte de la perturbation produite dans l'esprit des candidats par l'émotion qu'ils éprouvent en un moment où ils sont surmenés au plus haut degré. Là encore une réforme s'impose. Le professeur devrait pouvoir juger et coter ses élèves au cours de l'année d'après leurs travaux pratiques et leurs réponses à des interrogations périodiques sur les matières enseignées; c'est le seul moyen de les apprécier équitablement et de les habituer à travailler régulièrement et non par à-coups.

On doit sélectionner les esprits, à l'Université, non d'après ce qu'ils retiennent littéralement des cours donnés, mais d'après leur intelligence, leur sens critique, leur aptitude au travail scientifique et aux applications pratiques. Pour faire cette sélection, les examens actuels sont de mauvais instruments.

La nomination des professeurs des universités de l'Etat est, depuis 1835, livrée à l'arbitraire du ministre qui a l'instruction publique dans ses attributions.

L'article 13 de la loi dit : « Le roi nomme les professeurs. »

En 1849, la disposition suivante fut ajoutée : « Tout changement dans les attributions d'un professeur fait l'objet d'un arrêté royal pris sur l'avis de la faculté. »

Dans la pratique, le ministre demande un rapport à l'administrateur-inspecteur sur les candidats aux chaires vacantes et le recteur rédige le rapport avec ce fonctionnaire. Mais les facultés ne sont pas consultées. C'est donc un homme politique, le ministre, qui nomme, dans un pays où la plus mesquine politique de parti empoisonne toute l'administration.

Depuis plus d'un quart de siècle, toutes les nominations ont été faites par des ministres appartenant à un parti confessionnel qui se déclare ouvertement hostile à l'enseignement public et qui s'inspire avant tout des intérêts de l'Eglise catholique et de l'université de Louvain.

A Gand et à Liége, le haut enseignement a été livré à des hommes que leurs opinions religieuses et politiques, plutôt que leurs travaux scientifiques, recommandaient au gouvernement. Les savants qui ont conservé l'indépendance de leur conscience, qui n'acceptent pas la direction morale de l'Eglise, qui ne veulent pas s'abaisser au rôle d'agents de la politique de droite, ont été systématiquement écartés des chaires universitaires de l'Etat, qu'ils auraient illustrées par leur enseignement.

Il ne peut plus exister de cohésion entre les professeurs qui doivent leur nomination à des influences politiques ou confessionnelles. Ce mode de recrutement du corps professoral supérieur n'existe qu'en Belgique ; il est inconnu en France, en Angleterre, en Allemagne, en Italie, dans les Pays-Bas, en Amérique.

Il a été souvent dénoncé avec vigueur par d'éminents savants. Le recteur de Liége, M. Trasenster, disait en 1881 :

« Les mesures les plus graves ont parfois été prises, les nominations les plus importantes ont été faites sur l'avis, tantôt du recteur, tantôt de l'administrateur-inspecteur, tantôt enfin sur l'initiative personnelle du ministre, subissant quelquefois des préoccupations et des pressions qui n'étaient pas inspirées par le véritable intérêt de l'enseignement public.... Il est temps que des gens compétents aient voix au chapitre !... »

L'illustre chimiste, Jean Stas, s'adressant à Léopold II, au nom de l'Académie royale de Belgique, le 1er janvier 1891, disait :

« Ce mode est absolument défectueux ; il ne donne à la science aucune des garanties qu'elle est en droit de réclamer.

L'intensité des luttes politiques a pour effet d'attirer dans leur orbite les actes mêmes de la puissance publique qui devraient le moins se ressentir de

leur influence. Au lieu de répartir les chaires universitaires entre les hommes capables comme leur revenant de droit, avec la pensée unique de hausser le niveau des études et d'accroître le patrimoine intellectuel de l'humanité, on a vu trop souvent, on a vu trop longtemps l'esprit de parti en disposer arbitrairement au détriment de l'esprit scientifique. Cet abus a de graves conséquences. Un professeur insuffisant immobilise pour un quart de siècle, si même il ne le fait déchoir, l'enseignement de la branche qui lui est confiée; il usurpe la place d'un plus digne; il paralyse la manifestation d'un talent réel; il empêche la science de naître, de grandir autour de lui. A tous ces points de vue, une nomination indue est un déni de justice envers le mérite sacrifié, envers la jeunesse studieuse, envers la société tout entière (1). »

Ce discours produisit une sensation profonde dans le pays, mais le gouvernement maintint le système qui lui permettait de « cléricaliser » et d'affaiblir l'enseignement supérieur public, en nommant dans les universités de l'État des professeurs sans notoriété, sans autorité, qui ont abaissé le niveau des études. On pourrait citer des nominations scandaleuses de professeurs qui, pendant de longues années, ont donné ou donnent encore des cours sur des matières qu'ils ne possèdent que superficiellement, en dictant des théories arriérées. De là le dégoût que tant d'étudiants intelligents éprouvent pour certaines études présentées sous cette forme rébarbative.

Une loi nouvelle devrait donner aux facultés le droit de présenter pour chaque chaire vacante une liste de deux ou trois candidats parmi

(1) *Moniteur*, 2-3 janvier 1891.

lesquels le ministre *devrait* choisir. Les facultés ont plus de compétence que le ministre pour recruter le personnel scientifique et elles ne se laisseraient pas guider uniquement par des considérations d'ordre politique. L'institution des *privat-docent* serait aussi une mesure excellente.

Le règlement du 30 janvier 1864 permet au gouvernement d'autoriser des docteurs porteurs de diplômes scientifiques spéciaux à donner des cours privés dans les universités, mais seulement sur des matières complémentaires de l'enseignement officiel, ou sur des matières nouvelles. C'est une demi-mesure; étendue à tout l'enseignement, elle pourrait être efficace, à la condition de permettre aux étudiants de présenter à l'examen le cours du professeur officiel ou du professeur privé, et de prendre des mesures assurant l'impartialité du jury. Actuellement, en Belgique, les professeurs officiels ont le monopole de l'enseignement de la science dont ils sont chargés. Les étudiants n'ont pas le choix du maître; ils doivent forcément suivre le cours du titulaire, même si ce cours est mal donné et ne les initie ni à la science ni à la méthode de recherche. L'institution du *privat-docent* serait un correctif à cette situation. L'étudiant pourrait suivre le cours du titulaire ou du *privat-docent*. Il irait au cours le mieux donné, le plus intéressant. Le professeur titulaire sentirait ainsi la nécessité de mieux donner son enseignement, de le tenir au courant, de le renouveler, de le rendre intéressant et efficace. Les bons professeurs n'auraient rien à craindre de l'institution des cours privés; pour les autres, ce serait un stimulant ou un correctif. La faculté pourrait aussi par ce système reconnaître la valeur réelle au point de vue professoral de savants donnant des cours privés et proposer pour occuper les chaires devenant vacantes ceux quise seraient distingués dans leur enseignement.

Nous ne nous faisons cependant pas d'illusion sur l'effet de nos propositions. D'éminents professeurs de nos universités nous ont dit : « Ces deux propositions — présentation de candidats par la faculté et institution des *privat-docenten* — relèveraient le niveau des études supérieures et mettraient fin à un détestable système de nomination; mais le gouvernement actuel ne les acceptera pas, parce qu'il n'a pas le souci des intérêts véritables de l'enseignement public ; d'autre part la majorité actuelle des professeurs protesteraient contre les cours privés ; il est si agréable de posséder le monopole de l'enseignement d'une science, surtout quand on a quelque raison de craindre la concurrence d'un *privat-docent !* Plus d'un professeur verrait son auditoire, son séminaire ou son laboratoire se vider, si un professeur sérieux, compétent et zélé, avait le droit, sous certaines garanties, d'enseigner la même matière ! »

Depuis 1876, la seule garantie imaginée par la loi pour contrôler les opérations des jurys d'examen, c'est la commission d'entérinement, « mécanisme byzantin, disait M. L. VANDERKINDERE, d'après lequel huit hommes sérieux, membres de l'Académie, magistrats, professeurs, etc., se réunissent pour apposer un visa et donner un caractère officiel à un morceau de parchemin dont ils ne peuvent apprécier la valeur. »

L'apparence remplace ainsi la réalité. Le même système fallacieux est appliqué pour l'admission à l'Université : il suffit de présenter un certificat constatant qu'on a suivi pendant six années jusques et y compris la rhétorique les cours d'un établissement officiel ou privé d'enseignement moyen et supérieur. Comme le premier, ce contrôle est illusoire. Ces deux mesures ont eu pour résultat l'affaiblissement des études supérieures, et il ne pouvait en être autrement.

VII

L'ENSEIGNEMENT DANS LES PAYS-BAS

§ 1. — L'organisation de l'enseignement primaire.

L'exposition des Pays-Bas a fait sensation par sa richesse, sa variété et par l'aspect grandiose et original du palais de pure renaissance néerlandaise qui l'abritait.

L'enseignement y était représenté principalement par des documents, lois, programmes, statistiques, et par des manuels. Les publications pédagogiques néerlandaises sont abondantes et ont, en général, un aspect matériel séduisant. Il est peu de pays qui possèdent une littérature nationale d'éducation si riche, si variée et si bien adaptée au milieu et aux besoins. La plupart des manuels pour l'enseignement ou l'étude des diverses branches dans les écoles primaires, moyennes et supérieures sont à la hauteur des meilleurs ouvrages similaires de l'Allemagne, de l'Angleterre et de la France.

Cette constatation suffirait pour prouver que

les Pays-Bas doivent posséder une forte organisation scolaire. Et, en effet, depuis plus d'un siècle, les pouvoirs publics ont fait de persévérants efforts pour doter la nation d'un enseignement général des plus complets et des plus solides.

La Constitution prescrit à l'Etat le devoir d'organiser un enseignement public suffisant, de caractère neutre au point de vue confessionnel. Toutes les écoles privées sont soumises à l'inspection de l'Etat. Tous les instituteurs pour pouvoir enseigner, même dans les écoles privées, doivent posséder le diplôme de capacité délivré exclusivement par l'Etat. Ces principes, considérés comme intangibles, sont inscrits dans toutes les lois scolaires depuis 1806.

De 1806 à 1848, l'Etat eut le monopole de l'enseignement à tous les degrés. Il fonda l'enseignement national. Il l'organisa en Belgique de 1814 à 1830 d'après le principe de la neutralité.

La Constitution de 1848 reconnut la liberté de l'enseignement, mais avec un correctif important : « la surveillance de l'autorité et, en ce qui concerne l'enseignement primaire et secondaire, l'examen de capacité et des garanties de moralité des instituteurs. »

La loi de 1857 autorisa les communes et les provinces à subsidier les écoles privées à la condition formelle que celles-ci fussent neutres et accessibles à tous les enfants sans distinction de culte. La loi de 1878 maintint ce principe.

Les ultra-protestants et les catholiques organisèrent une campagne pour obtenir la subvention de l'Etat en faveur des écoles confessionnelles.

En 1889, la majorité antirévolutionnaire vota la loi proposée par le ministre Mackay, stipulant l'octroi à l'école privée d'un subside de l'Etat égal à celui que reçoit l'école communale. La loi Kuyper de 1901 a complété ce système par l'octroi de pensions de l'Etat aux instituteurs et pour les locaux des écoles privées subsidiées.

La liberté de l'enseignement n'est pas conçue dans les Pays-Bas comme en Belgique, où le premier venu peut ouvrir une école et enseigner ce qu'il lui plait, sans contrôle de l'autorité. L'article 6 de la loi néerlandaise exige des instituteurs publics des garanties sérieuses de moralité et de capacité et les étrangers doivent, en outre, obtenir pour enseigner, même à titre privé, une autorisation du gouvernement. Il n'y a d'exception à cette règle que pour celui qui donne l'enseignement à domicile aux enfants d'une seule famille et pour certaines personnes qui ne font pas de l'enseignement leur profession et se consacrent gratuitement à l'instruction des enfants ou des adultes dans des conditions déterminées : par exemple, des personnes charitables ont obtenu du gouvernement l'autorisation temporaire d'instruire les enfants des hameaux éloignés du centre et dépourvus d'écoles, ou de donner des leçons le soir à des servantes et à des ouvrières.

Ceux qui possèdent le diplôme de l'enseignement moyen ou un grade académique impliquant le droit d'enseigner sont dispensés du diplôme d'instituteur primaire.

La députation permanente peut enlever la faculté d'enseigner à l'instituteur qui donne un enseignement contraire aux bonnes mœurs ou provoquant à la désobéissance à une loi du pays, ainsi qu'à celui qui mène une vie scandaleuse ou qui a subi une condamnation judiciaire grave.

L'instituteur qui, sans posséder le diplôme et le certificat de moralité, enseigne dans une école privée ou aux enfants de plusieurs familles et dans l'habitation de l'une d'elles, est passible de peines d'amende et même de prison en cas de récidive.

L'enseignement primaire public ou privé ne peut être donné dans un local que l'inspecteur en chef de l'hygiène publique a déclaré dangereux pour la santé des élèves ou insuffisant pour la population scolaire (art. 5). Celui qui continue à enseigner dans un local à un nombre d'élèves plus grand que ne le permet le réglement général, est passible d'une amende de 50 florins; en cas de récidive, de 100 florins ou de 15 jours prison, et d'un emprisonnement qui peut s'élever à une année, s'il y a récidive dans les deux années après la première (art. 3).

L'inspection de l'Etat a toujours été l'axe de l'organisation scolaire. Elle est solidement organisée. Elle est exercée par des inspecteurs généraux, des inspecteurs de district et des inspecteurs d'arrondissement nommés par le gouvernement.

Le collège des bourgmestre et échevins exerce l'inspection locale. Le conseil communal peut nommer une commission chargée d'inspecter les écoles publiques et les écoles privées de la localité. Si une commune ne possède pas de commission locale, le collège des bourgmestre et échevins peut, d'accord avec l'inspecteur d'arrondissement, charger une personne apte de la fonction d'inspecteur communal.

Les chefs des écoles publiques et privées doivent fournir aux inspecteurs de l'Etat, à l'administration communale et à la commission locale tous les renseignements demandés relatifs à l'application de la loi. La commission locale adresse au conseil communal, le 1er mars de chaque année, un rapport raisonné sur l'état de l'instruction dans la commune.

Les diplômes de capacité sont délivrés par des commission d'examen nommées par le gouvernement et composées d'inspecteurs en fonction ou d'anciens inspecteurs de l'Etat. Pour préparer à l'examen, le gouvernement fonde et dirige des écoles normales *(kweekscholen)* de quatre années d'études et des cours normaux *(normaallessen)*. Les communes et les associations ont le droit d'en fonder (1). Les instituteurs en chef peuvent préparer les jeunes gens à l'examen. Aucune école ne délivre les diplômes : tous les candidats doivent subir l'examen devant le jury d'Etat. Il existe des diplômes d'instituteur, d'instituteur en chef et des diplômes pour l'enseignement de branches déterminées : langue française, langue allemande, langue anglaise, mathématiques, agriculture, etc. L'examen ne peut porter sur la religion et, par conséquent, aucun diplôme ne mentionne l'aptitude à enseigner cette branche.

Pour diriger une école primaire, il faut pos-

---

(1) Il y a 7 écoles normales de l'Etat, 3 communales dont 2 mixtes, 96 cours normaux de l'Etat ; 34 écoles normales et 128 cours normaux privés (1905).

séder le diplôme d'instituteur en chef et être âgé d'au moins vingt-trois ans.

La loi exige que dans chaque commune il soit donné un enseignement suffisant dans un nombre d'écoles publiques neutres en rapport avec la population scolaire; ces écoles sont fondées par les communes et subsidées par l'Etat. Elles ne sont pas gratuites : le minerval est fixé par la loi au minimum de 20 cents par élève et par mois, mais les indigents sont admis gratuitement; le gouvernement peut autoriser la commune à établir la gratuité.

§ 2. — Les subsides de l'Etat aux écoles publiques et privées.

Ni les communes, ni les provinces ne peuvent subsidier les écoles privées. Les communes ne peuvent adopter celles-ci. L'Etat accorde des subsides aux écoles privées qui réunissent les conditions générales énoncées plus haut et les conditions spéciales suivantes :

1° L'école doit appartenir à une institution ou à une association possédant la personnification civile;

2° Le programme doit être communiqué à l'inspecteur et comprendre les branches obligatoires des écoles primaires publiques : la lecture, l'écriture, le calcul, les éléments de la langue néerlandaise, de la géographie, de l'histoire nationale, de l'histoire naturelle, le chant, les premiers exercices de dessin, et, pour les filles, les travaux manuels, à moins qu'il ne soit établi qu'elles reçoivent cet enseignement ailleurs et d'une manière satisfaisante.

Notons en passant que si une commune crée un cours spécial de travaux manuels pour filles, elle ne peut y recevoir les élèves d'une école privée, car ce serait une manière indirecte de soutenir cette école, ce que la loi ne permet pas;

3° L'enseignement doit être donné chaque semaine pendant au moins vingt heures, dont deux au maximum consacrées aux travaux manuels des filles. L'horaire doit être affiché en un endroit apparent, avec indication des jours de fête, des congés, des vacances;

4° Le nombre d'instituteurs doit être en rapport avec la population de l'école, d'après l'échelle suivante :

a. A la tête de l'école, il doit y avoir un instituteur âgé d'au moins 23 ans, possédant le diplôme d'instituteur en chef;

b. Ce chef d'école doit être aidé par au moins un instituteur diplômé si la population de l'école dépasse quarante élèves; par deux instituteurs si elle atteint nonante élèves; pour chaque groupe de cinquante-cinq élèves au delà de nonante, un instituteur est exigé. Aucun instituteur ne peut être nommé à titre provisoire pendant plus d'une année.

Cette proposition empêche la surpopulation des classes. Elle s'applique aux écoles communales qui ne peuvent avoir plus de six cents élèves, sauf autorisation spéciale du gouvernement, et dont le personnel doit comprendre un certain nombre d'instituteurs possédant le diplôme d'instituteur en chef.

La loi recommande de confier l'instruction dans les classes inférieures préférablement à des institutrices et les classes supérieures à des instituteurs. Dans un très grand nombre d'écoles primaires, la coéducation des sexes est établie. Il en est de même à l'école normale communale d'Amsterdam ;

5° L'instituteur en chef et les instituteurs doivent jouir effectivement des mêmes minima de traitement que les instituteurs communaux.

Ces minima varient suivant la classe à laquelle appartient la commune, d'après sa population. Pour les instituteurs en chef ils sont de 850, 950, 1,050 florins, avec 50 florins d'augmentation par période quinquennale, jusqu'à 1,050 1,150 et 1,250 florins. Les instituteurs adjoints ont au minimum 500 florins, puis par période quinquennale, 600, 675, 750 ou 825 florins. L'Etat paie le mimimum. Les communes et les administrations des écoles privées peuvent payer des suppléments.

Le chef d'école a droit à un logement gratuit ou, à défaut, à une indemnité de 150 florins minimum.

Pour encourager les études normales, l'Etat accorde en plus 100 florins aux instituteurs possédant le diplôme d'instituteur en chef et 200 après vingt années de fonction.

Des subsides supplémentaires sont accordés aussi aux écoles qui ont un personnel enseignant plus nombreux que celui qu'exige la loi. Si le programme comprend outre les matières obligatoires, au moins deux langues modernes et les mathématiques, des subsides supplémentaires sont accordés. Les instituteurs en chef et les instituteurs adjoints âgés d'au moins 28 ans, mariés ou veufs avec des enfants mineurs, reçoivent un subside annuel spécial de 25 florins.

Si l'école donne un enseignement de répétition (*herhalingsonderwijs*), l'Etat lui attribue un subside de 30 cents par heure de leçon, si cet enseignement est donné par des instituteurs diplômés spécialement pour les branches enseignées ; ce subside est accordé pour un maximum de 192 heures par année, et, exceptionnellement de 384 heures. Cet enseignement de répétition se donne à ceux qui ont déjà profité de l'enseignement primaire et peut s'étendre à des connaissances nouvelles : langues modernes, mathématiques, etc.

C'est un cours complémentaire correspondant au 4e degré des écoles belges ;

6° Les instituteurs des écoles privées subsidiées doivent être en possession d'un acte de nomination signé par la direction de l'école et mentionnant : le nom et le prénom du titulaire, le caractère définitif ou temporaire de sa nomination, et, dans ce dernier cas, la durée de celle-ci ; le traitement et l'indemnité de logement ; les stipulations relatives au service militaire, le règlement pour le remplacement de l'instituteur en cas de maladie, les conditions de résiliation du contrat de nomination, etc.

Ce sont là d'utiles précautions prises pour empêcher l'exploitation du travail des maîtres des écoles subsidiées ;

7° L'instituteur qui, avant l'âge de 65 ans et avant l'expiration de son contrat, est démissionné autrement que sur sa demande expresse, a droit d'appel auprès d'une commission spéciale. Celle-ci régit au moins douze écoles privées ; elle est composée de sept membres, trois nommés par la direction des écoles, trois par les instituteurs, un septième, qui préside, par les six premiers ; aucun de ses membres ne peut appartenir ni à l'administration des écoles, ni au corps enseignant primaire. La direction de l'école subsidée doit se soumettre à la décision de cette commission ;

8° Si un instituteur privé exerce un commerce, un métier, une profession en dehors de l'enseignement (1), ou si dans sa maison, des membres de sa famille se livrent à des occupations de l'espèce, sans y être autorisés par la députation permanente, l'inspecteur entendu, l'Etat diminue le subside du montant du traitement minimum dû à cet instituteur.

L'Etat accorde une pension aux instituteurs des écoles publiques et à ceux des écoles primaires ou normales privées subsidiées, qui ont atteint l'âge de 65 ans, ou plus tôt en cas de maladie. Cette pension est calculée sur la base de 1/60 par année de service de la moyenne du traitement des cinq dernières années ; elle ne peut dépasser les deux tiers de ce traitement (2).

Ne peuvent être subsidiées : 1° les écoles comptant moins de vingt-cinq enfants de plus de six ans. Cependant, si la population d'une école qui a joui du subside tombe au-dessous de ce chiffre, elle peut le recevoir encore pendant trois

---

(1) Sauf, toutefois, un emploi à l'église (*kerkelijk ambt*).

(2) Un versement annuel de 2 à 3 p. c. du traitement total est obligatoire.

années, si elle conserve au moins vingt élèves en âge d'école primaire; 2° les écoles dont le minerval moyen est d'au moins 80 florins par élève et par an; 3° celles qui sont considérées comme des entreprises de lucre; 4° celles où on laisse vacante pendant plus de six mois la place de chef, ou pendant plus de quatre mois celle d'instituteur.

Pour la construction, la reconstruction ou l'achat des locaux scolaires, l'Etat alloue aux communes 25 p. c. des frais. Les écoles privées reçoivent des indemnités annuelles pour les locaux, calculées d'après la population scolaire et s'élevant de 46 florins (écoles de moins de 40 élèves), à 640,55 florins (écoles de 530 élèves et plus). L'octroi de ce subside est subordonné à l'observation d'un règlement général d'administration sur la matière.

Comme on le voit par cette brève analyse, les écoles privées, pour être subsidiées par l'Etat à l'égal des écoles communales, doivent réunir un grand nombre de conditions importantes (1).

L'application de la loi d'égalité de subsides a provoqué une profonde perturbation dans l'enseignement public; des écoles confessionnelles catholiques ou protestantes (*scholen met den Bijbel*) ont été créées en grand nombre, la chasse aux

(1) Si une loi pareille était appliquée en Belgique, la plupart des écoles qui reçoivent actuellement des subsides n'y auraient aucun droit.

Il est probable que le gouvernement belge, si la droite conserve la majorité, déposera un projet de loi pour pouvoir accorder aux écoles libres des susdides égaux à ceux que l'Etat alloue aux écoles communales, mais sans exiger des premières toutes les garanties de la loi néerlandaise.

élèves a été organisée au détriment des écoles communales, qui ont perdu une partie de leur population. Pendant plus de trois quarts de siècle, de 1806 à 1889, les enfants de toutes les confessions avaient été élevés en commun dans des écoles où on les habituait à vivre dans une atmosphère de véritable fraternité et de tolérance. Les antirévolutionnaires fanatiques sont parvenus à en parquer un grand nombre dans des écoles sectaires où on développe en eux des sentiments d'hostilité à l'égard de ceux qui n'appartiennent pas à la même confession ou qui fréquentent les écoles publiques neutres. La majorité de la population est cependant restée fidèle aux écoles communales neutres.

§ 3. — **L'instruction obligatoire.**

L'instruction primaire a été rendue obligatoire par la loi du 7 octobre 1900 pour protéger les enfants contre l'insouciance de leurs parents et pour assurer la fréquentation régulière des écoles primaires. L'obligation s'étend de sept à treize ans, exceptionnellement à douze ans, si l'enfant a terminé le cycle de ses six années scolaires. Sans motif légitime, l'enfant ne peut s'absenter plus de deux fois en deux mois.

La liste des enfants qui reçoivent l'instruction à domicile doit être remise au bourgmestre; l'inspecteur a le droit de s'assurer si cet enseignement se donne réellement, et, s'il a des doutes sérieux, il peut se faire autoriser par les parents à assister aux leçons, et, une fois par an, à faire subir un examen aux enfants.

Toutes les écoles privées étant soumises à l'inspection de l'Etat, le contrôle de la fréquentation est possible.

Dans quelques cas déterminés, les parents sont dispensés d'envoyer leurs enfants à l'école : 1° s'ils n'ont pas de demeure fixe (forains, bateliers, etc.); 2° si la place manque dans les écoles situées dans un rayon de quatre kilomètres; 3° si, par prescription légale, l'enfant ne peut être admis dans une école primaire; c'est le cas pour celui qui n'est pas vacciné; la vaccination n'est pas obligatoire, mais l'accès de l'école est défendu par la loi aux enfants non vaccinés; 4° si le médecin certifie que l'enfant est incapable de fréquenter l'école ou une des écoles situées dans un rayon de quatre kilomètres; c'est le cas pour les malades, les anormaux, les estropiés; 5° si le chef de famille déclare que pour un scrupule prépondérant *(overwegend bezwaar)* il ne peut envoyer son enfant dans aucune des écoles situées dans un rayon de quatre kilomètres. Ce scrupule est relatif à la tendance religieuse de l'enseignement : un catholique ne peut être obligé à envoyer son enfant dans une école protestante, et réciproquement. Pour éviter les abus, les parents doivent faire une déclaration par écrit indiquant le motif pour lequel ils ne peuvent envoyer *provisoirement* leurs enfants à l'école; l'inspecteur d'arrondissement doit la viser, sauf s'il est convaincu qu'ils obéissent à un autre mobile et, dans ce cas, les parents peuvent en appeler à l'inspecteur de district, qui décide.

La fréquentation régulière des écoles est exigée par la loi qui, cependant, prévoit des motifs d'exemption temporaire, tels que la fermeture provisoire d'une école (cas d'épidémie, par exemple), le renvoi temporaire d'un enfant pour indiscipline, la maladie de l'élève, l'accomplissement d'un devoir religieux, l'extrême misère des parents, leur état de maladie, le mauvais état des routes, etc. Ce sont les inspecteurs qui accordent les dispenses. Ils peuvent accorder des congés pour les travaux agricoles, pour une durée maximum de six semaines, à des élèves âgés d'au moins dix ans et qui ont fréquenté régulièrement l'école pendant le premier semestre.

Des commissions locales établies dans les communes par le conseil communal aident à l'application de la loi sur l'obligation scolaire. Elles sont composées de trois catégories de personnes : les parents des élèves, les instituteurs, d'autres personnes majeures habitant la commune. Les femmes peuvent en faire partie. Ces commissions donnent leur avis sur les demandes de congé, renseignent l'inspecteur, agissent par persuasion sur les parents qui ne sont pas en règle avec la loi.

Les bourgmestres doivent, chaque année, remettre à l'inspecteur la liste de tous les enfants en âge d'école; les instituteurs publics et privés font parvenir à celui-ci la liste de leurs élèves, avec notes sur les absences, les congés accordés, etc. L'inspecteur possède ainsi les éléments lui permettant de connaître les délinquants. Il agit par persuasion sur les parents qui négligent leurs devoirs; s'il échoue, il informe la commission locale qui les convoque, leur rappelle leurs devoirs, les engage à se soumettre à la loi. A ceux qui ne se présentent pas, elle adresse un avertissement. Si ces mesures restent sans effet, l'inspecteur inscrit d'office l'enfant sur la liste d'une école primaire et avertit les parents, anonçant qu'en cas de nouvelle transgression, ils seront poursuivis judiciairement. Les parents conservent le droit d'envoyer l'enfant dans une autre école. Mais si l'enfant ne se présente pas à l'école, l'inspecteur dresse procès-verbal et le juge cantonal est saisi; il peut appliquer une peine de 15 florins d'amende maximum, de 25 florins en cas de récidive, ou même de un à sept jours de prison pour nouvelle récidive.

Les conseils communaux peuvent favoriser la fréquentation scolaire par des distributions de vivres, de vêtements aux enfants nécessiteux des écoles primaires publiques et privées. Ils peuvent autoriser les agents de police à conduire à l'école les enfants qu'ils trouvent dans la rue pendant les heures de classe.

§ 4. Résultats.

Des plaintes ont surgi contre l'insuffisance de ces sanctions; on reproche à la loi d'agir trop lentement et avec trop de détours; on demande que les réfractaires soient plus rapidement et plus rigoureusement poursuivis. Il ne faut cependant pas oublier qu'une loi d'obligation scolaire ne peut produire ses effets qu'après une persévérante application pendant une longue période d'années.

On constate toutefois que l'obligation scolaire a produit des effets sensibles sur la régularité de la fréquentation scolaire. Ainsi en 1901, première année d'application de la loi, il y avait 147 absences non motivées sur 10,000 espaces de temps où les écoles étaient ouvertes; en 1908, ce chiffre est descendu à 90.

Le nombre de conscrits illettrés a diminué dans une forte proportion.

Pour une population de 5,747,269 habitants, le nombre d'élèves des écoles primaires s'élevait le 15 janvier 1908 à 879,275 enfants, dont 450,493 garçons et 428,782 filles; c'est une moyenne de 15.3 p. c. de la population totale.

Les écoles primaires publiques sont au nombre de 3,274; elles reçoivent 563,187 élèves (312,272 garçons, 250,915 filles); l'enseignement y est donné par 3,235 chefs d'école et 12,828 instituteurs, au total 16,063 personnes.

Les écoles privées sont au nombre de 1,825, comptant 316,088 élèves (138,221 garçons, 177,867 filles) et 8,874 instituteurs, dont 1,881 chefs d'école. C'est 36 p. c. de la population totale.

L'Etat et les communes consacrent au service des écoles primaires 26,814,334.93 florins, ou environ fr. 9.75 par habitant. Le subside de l'Etat s'élève à 17,934,109.91 florins. En 1878, il n'atteignait que 7,078,169.17 florins.

On n'a pas de renseignements précis sur les dépenses des écoles privées.

Les langues modernes sont enseignées dans un nombre respectable d'écoles primaires : le français dans 1,118, l'allemand dans 649, l'anglais dans 402.

39,600 élèves suivent le cours de répétition.

§ 5. — L'Enseignement supérieur.

L'enseignement supérieur dans les Pays-Bas est intimement lié à la libération de la patrie : en 1575, Guillaume d'Orange fondait l'Université de Leyde, pour récompenser cette ville qui s'était héroïquement défendue contre l'armée de Philippe II. Cette université fut le refuge des savants belges qui, en ces temps de répressions sanglantes, fuyaient les provinces du sud où la persécution religieuse triomphait et où s'établissaient les Jésuites. Franecker, en Frise, en 1585, Groningue en 1614, Utrecht en 1638, Harderwyck en 1648, virent s'ouvrir des universités et les Pays-Bas devinrent un foyer puissant de science qui rayonna sur le monde : Juste-Lipse, Scaliger, Heinsius, Vossius, Gronovius, Boerhaave, 's Gravesande, Grotius, Spinoza, Huygens, bien d'autres savants et philosophes illustres portèrent au loin le renom de l'enseignement supérieur néerlandais.

Aujourd'hui ce pays possède quatre universités de l'Etat : celles de Leyde, d'Utrecht, de Groningue, ainsi qu'une école polytechnique à Delft, une université communale et une université privée, toutes deux à Amsterdam.

Les professeurs des universités de l'Etat sont nommés par arrêté royal sur la proposition du Sénat universitaire, assemblée des professeurs présidée par le recteur, et du conseil des curateurs. Ils ont un traitement de 4,000 à 6,000 florins ; ils se doivent entièrement à leurs fonctions et ne peuvent en cumuler d'autres sans une autorisation expresse; s'ils acceptent un mandat de membre d'une des deux Chambres législatives, ils sont mis en disponibilité avec la moitié de leur traitement.

Des *privat-docenten* peuvent être autorisés à donner des cours dans les universités. Il y a actuellement 286 professeurs ordinaires, extraordinaires et lecteurs, et 72 *privat-docenten*.

Pour être admis aux études universitaires, il faut être en possession d'un certificat de maturité délivré par une commission d'examen nommée par le gouvernement.

Les Universités de Leyde, Groningue, Utrecht, Amsterdam (commune), comprennent cinq facultés : théologie, droit, médecine, mathématiques et sciences naturelles, philosophie et lettres. Celle de Delft prépare des ingénieurs. Les universités de l'Etat étaient fréquentées en 1909-1910 par 4,458 étudiants et 668 étudiantes. Le nombre de jeunes filles qui font des études supérieures est relativement plus considérable qu'en aucun autre pays de l'Europe. Il se forme dans les Pays-Bas une classe de femmes lettrées et savantes qui se prépare à jouer un rôle social important. La faculté de philosophie et lettres en comptait 219, celle des sciences 159, la médecine 157, le droit 74, l'école polytechnique 50, la théologie 7.

L'Université communale d'Amsterdam a une organisation semblable à celle de l'Etat; ses professeurs sont nommés par le conseil communal, et leur nomination est soumise à la sanction royale.

L'enseignement universitaire public a un caractère scientifique et expérimental. Les universités possèdent des séminaires, des laboratoires, des bibliothèques considérables qui sont tenues à la hauteur des besoins modernes. Les cours se donnent en langue néerlandaise. Le corps professoral comprend des savants distingués, dont plusieurs ont acquis la célébrité par leurs travaux et leurs publications.

L'Université privée a été fondée en 1880 par une association confessionnelle de l'Eglise réformée. Elle ne possède que les facultés de théologie, de droit et de philosophie et lettres. Elle est placée sous la surveillance d'une commission nommée par arrêté royal. Elle comptait 148 étudiants et une étudiante.

§ 6. — L'Enseignement moyen.

La préparation aux universités se fait par les athénées ou écoles latines et par les écoles bourgeoises supérieures (*hoogere burgerscholen*).

Toute ville de 20,000 habitants au moins doit posséder un athénée, sauf dispense par arrêté royal. Il existe trente écoles latines fondées par les communes et placées sous le contrôle de l'Etat. Les professeurs doivent posséder un grade académique ou un diplôme spécial. Chaque athénée est pourvu d'un comité scolaire nommé par le conseil communal ; ce comité est chargé de la discipline, de la surveillance. Les professeurs sont nommés par la commune, d'accord avec le comité scolaire et l'inspection de l'Etat. En un cours de six années, on enseigne le latin, le grec, le néerlandais, le français, l'allemand, l'anglais, les mathématiques, la physique, la chimie, l'histoire naturelle, la géographie, l'histoire et facultativement l'hébreu et la gymnastique.

Jusqu'en troisième, les études sont communes; ensuite, les élèves, qui ont de quinze à seize ans en moyenne, choisissent la section préparant aux facultés de théologie, de droit, de philosophie et lettres, ou celle qui conduit aux facultés des sciences ou de médecine. Les programmes diffèrent par le développement plus grand des langues classiques dans la première, des sciences dans la seconde.

L'enseignement est neutre au point de vue confessionnel dans les collèges publics, fréquentés par 2,183 élèves, dont 563 filles. On y admet les garçons et les filles ayant terminé avec succès les études primaires, sur certificat délivré par leur instituteur en chef. Le passage d'une classe à l'autre est déterminé par les cotes que les élèves ont obtenues des professeurs au cours de l'année; ainsi le surmenage des préparations forcées d'un examen de fin d'année est évité et la vraie valeur des élèves est appréciée plus exactement.

L'examen de maturité se passe devant une commission d'Etat; les professeurs formulent les questions, mais ce sont les mandataires du gouvernement, au nombre minimum de trois, qui ont seuls le droit d'accorder ou de refuser le certificat.

Les collèges privés, confessionnels ou non, peuvent être subsidiés s'ils sont organisés comme les athénées publics. Leurs élèves doivent se présenter devant la commission d'examen officielle pour obtenir le certificat de maturité. Il existe une quinzaine de collèges confessionnels subsidiés et une vingtaine d'écoles latines privées non subsidiées.

Les écoles bourgeoises supérieures enseignent les humanités modernes en cinq années : mathématiques, mécanique, physique, chimie avec exercices pratiques, zoologie, cosmographie, institutions politiques du pays, économie sociale, géographie, histoire, néerlandais, français, allemand, anglais, sciences commerciales, dessin artistique, dessin géométrique, calligraphie, gymnastique.

L'admission, le passage, l'examen de maturité, se font d'après des règles analogues à celles des écoles latines. Le certificat de maturité donne droit à l'admission, sans examen, à la faculté de médecine, aux cours de pharmacie, d'art dentaire, à l'école polytechnique de Delft, à l'école supérieure d'agronomie, à l'école vétérinaire, à l'institut royal de marine. Il est exigé aussi pour l'admission à divers emplois aux chemins de fer, dans les banques, etc.

Ces écoles sont fondées pour répondre aux besoins scientifiques et pratiques de la civilisation moderne. Elles ont des locaux spacieux, des salles de gymnastique, des laboratoires pour l'enseignement expérimental de la physique, de la chimie, des auditoires pour la botanique, la zoologie, la géographie, le dessin, un jardin botanique, etc. Depuis quelques années, on s'occupe beaucoup de la décoration artistique intérieure des classes. De bonnes bibliothèques sont partout à la disposition des professeurs et des maîtres; un crédit annuel est affecté à ce service par l'Etat et la commune.

Ces écoles se sont fortement développées depuis le vote de la loi de 1865 qui les a organisées; à cette date, il n'y en avait que 21 avec 1,418 élèves, dont pas une fille; en 1909, dans 81 écoles bourgeoises supérieures, on donnait l'enseignement moyen moderne à 10,663 garçons et à 2,347 filles; celles-ci n'ont été admises qu'en 1871; leur nombre augmente d'année en année. Beaucoup d'écoles sont mixtes. La co-institution des sexes est générale dans les Pays-Bas : on la trouve bonne, saine, morale; les Néerlandais n'ont pas à ce sujet les préjugés et les répugnances des pays latins.

La loi de 1865 range encore dans l'enseignement moyen les écoles bourgeoises (*burgerscholen*) de trois années d'études, à caractère professionnel; dix-huit localités en possèdent; elles sont fréquentées par 2,873 garçons et 586 filles.

Chaque année, le ministre de l'intérieur nomme une commission d'examen pour les candidats au professorat des écoles bourgeoises de six et de trois années. Les docteurs en sciences, en droit, en philosophie, les porteurs du diplôme d'ingénieur (Delft) peuvent être nommés professeurs dans les écoles bourgeoises supérieures. Des professeurs demandent que des mesures soient prises pour mieux assurer la préparation pédagogique, théorique et pratique des professeurs de l'enseignement moyen. Comme dans d'autres pays, ils estiment que l'étude des sciences pédagogiques et le stage professionnel sont indispensables.

Il existe encore un grand nombre de cours du soir très fréquentés pour compléter l'instruction de ceux qui ont terminé les études primaires et complémentaires; ils ont un caractère scientifique, pratique, industriel. Les cours d'art et métiers ont un grand succès partout; ils rendent de grands services aux travailleurs manuels. Il en est de même des cours techniques pour jeunes filles : écoles culinaires, ménagères, etc. Les Néerlandais sont un peuple de travailleurs, ayant le sens pratique : ils demandent à l'école la préparation à la vie active. Les cours des écoles de dessin appliqué sont fort suivis par les artisans des villes.

Toutes ces écoles peuvent être subsidiées par l'Etat, si elles sont neutres et accessibles aux jeunes gens et aux jeunes filles, sans distinction de culte; leurs professeurs doivent posséder le diplôme d'Etat et le certificat de moralité; cette double garantie est toujours exigée dans les Pays-Bas de tous ceux qui donnent des cours publics ou privés; on n'admet pas qu'au nom de la liberté d'enseignement, l'Etat livre l'éducation et l'instruction de la jeunesse à des individus incapables ou immoraux, ou à des sectaires fanatiques enseignant le mépris de la Constitution et des lois du pays.

TABLE DES MATIÈRES

ERRATA

Page 71, 7e ligne : *occasionnel* au lieu de *confessionnel*.
Page 82, dernière ligne : *Louise-Marie*.
Page 129, en note : *J. Verest*.
Page 136, 26e ligne : *clastiques* au lieu de *classiques*.

www.ingramcontent.com/pod-product-compliance
Ingram Content Group UK Ltd.
Pitfield, Milton Keynes, MK11 3LW, UK
UKHW020559230726
13926UKWH00005B/2102